Préface par Greg LeMond

« Un ami généreux et gentil pour la vie, que je n'oublierai jamais »

Nous avons eu la chance, Vincent Barteau et moi, d'être choisis par le réputé Cyrille Guimard afin de faire partie de l'héritage de Renault-Gitane. À l'âge de 19 ans, être sélectionné par Cyrille pour rejoindre la plus grande équipe du cyclisme professionnel a constitué pour moi une opportunité incroyable. J'ai eu le privilège d'être entouré par les meilleurs des meilleurs.

Mais apparaître si jeune au sein de cette équipe en tant que néo-pro était intimidant à mes yeux. Mon premier camp d'entraînement a d'ailleurs représenté un véritable choc. Je ne parlais pas français et Cyrille suivait des cours d'anglais afin de faciliter ma transition vers la course professionnelle. Je me sentais seul et j'ai éprouvé de la difficulté à nouer des liens dépassant le cadre du métier avec certains de mes nouveaux coéquipiers, même s'ils se sont montrés très accueillants. J'étais un peu comme un objet de curiosité dans le peloton.

Tout a changé l'année suivante avec l'arrivée de Vincent dans l'équipe. La première fois que je l'ai rencontré, il m'a adressé un grand sourire et m'a serré la main ; il était si drôle et amical. Nous sommes immédiatement devenus des amis très proches. Nous avons sympathisé en allant manger vietnamien ou chinois, nous sommes allés au cinéma et nous sommes partis dans la voiture de l'équipe pour diverses aventures... Il était exactement ce dont j'avais besoin pour traverser ces longues journées de camps d'entraînement à Opio, dans le sud de la France, avec Renault-Gitane.

Jusque-là, je m'ennuyais, je me sentais seul. Et Vincent a tout changé pour moi ! Il était si patient avec mon français approximatif. J'ai progressé grâce à lui : il corrigeait constamment ma grammaire. Je dois dire qu'il m'a également appris l'argot de la rue ou le langage du peloton !

Vincent et moi avons été tous deux sélectionnés pour prendre le départ du Tour de France 1984, le premier de notre carrière professionnelle. J'avais 23 ans et j'espérais gagner l'épreuve dès ma première participation. Je voulais suivre les traces de mes héros Eddy Merckx et Bernard Hinault. J'ai été terriblement déçu de tomber malade à cause d'une bronchite. Mais Vincent était encore là pour moi, même s'il vivait le point culminant de sa carrière cycliste.

Lors de la 5e étape de ce Tour de France, près de Cergy-Pontoise, Vincent et moi roulions en discutant dans le peloton, profitant d'un moment de calme dans la journée. Nous nous sommes arrêtés pour soulager un besoin naturel quand nous avons entendu dire qu'un coureur s'était échappé. Un Portugais, nommé Ferreira. Vincent et moi avons rejoint le peloton et il a décidé d'attaquer. Il a rejoint Maurice Le Guilloux, intercalé, puis Ferreira à l'avant. Le peloton n'a pas réagi et le trio a terminé avec presque dix-huit minutes d'avance sur le groupe. C'est ainsi que Vincent a pris le Maillot Jaune.

Je commençais à réaliser à quel point le fait de porter ce Maillot Jaune changeait la vie. J'étais submergé de joie pour mon ami. J'ai également compris que cette tunique pouvait vous donner des ailes. Vincent a roulé si fort pour défendre son maillot et il a pu le porter pendant treize jours au total. Il est devenu une star du Tour de France.

Cette année-là, notre histoire ne s'arrête pas encore.

J'avais du mal à respirer à cause de ma bronchite. Vincent était encore en jaune quand Cyrille Guimard lui a demandé de redescendre pour m'aider. C'était vraiment beaucoup demander à l'homme en jaune. Mais Vincent l'a fait sans poser de questions. Il est revenu et a dit : « OK, Greg, on peut le faire. » Et il a été à mes côtés en tant que coéquipier, mais aussi en tant qu'ami proche. Il m'a aidé à traverser une période difficile sur la route de Paris où, grâce à lui, je suis monté sur la troisième marche du podium.

Vincent ? C'est un ami généreux et gentil pour la vie, que je n'oublierai jamais.

Né en 1961 en Californie, l'Américain Greg LeMond a remporté trois fois le Tour de France (1986, 1989, 1990), en a été le second en 1985 et le troisième en 1984. Il a aussi décroché le titre de champion du monde sur route en 1983 et 1989.

« La connerie, c'est la décontraction de l'intelligence. Alors, parfois, je me permets d'être con sciemment. »

Serge Gainsbourg,
Pensées, provocs et autres volutes

À mes PARENTS et à leurs sacrifices.
À mon frère aîné JEAN-JACQUES,
mon plus fidèle supporter.
À mes enfants, GRÉGORY,
CHARLOTTE, AMANDINE, MATTHIS,
dont le papa poule est si fier.
À mes petits-enfants,
OSCAR, MADELEINE, PHILIPPINE.
Et, pour finir, un grand hommage
et une infinie reconnaissance aux deux femmes
grâce auxquelles une merveilleuse petite famille
a embelli ma VIE pour toujours :
BÉA et VÉRO.

Avant-propos

Rue Persillet, à Caen. Dimanche 18 mars 1962, fin de matinée. Les premières contractions se rapprochent. Elles deviennent de plus en plus intenses au fil des minutes. Georgette Barteau n'aura pas le temps de rallier la clinique. Elle va devoir accoucher au domicile de sa mère. Elle a déjà deux fils : Jean-Jacques, 5 ans, et Henri, 2 ans, le même prénom que son mari. Cette fois-ci, Georgette espère bien une fille. Il n'est alors pas question de pouvoir connaître le sexe de son enfant en cours de grossesse. Le travail commence. Pour accélérer les choses, le père Barteau ne trouve rien de mieux que de monter sur son ventre : sait-on jamais ! Une voisine est appelée à la rescousse.

« Allez-y, allez-y, Madame Barteau. Poussez, poussez. Oh ! c'est une belle petite fille qui se présente là. Comment allez-vous l'appeler ? »

La tête du bébé est bien engagée dans le bassin. Ma mère, entre deux cris :

« Pascaline.

– Très bien. Poussez, poussez encore, vous y êtes presque… »

Et, d'un coup, me voilà qui arrive. Un beau bambin. Mais avec un zizi. Désolé pour Pascaline : je suis un gars ! Et bien robuste. Ma mère se met à pleurer. D'émotion, mais aussi parce qu'elle voulait une fille. Elle se ressaisit. « Bienvenue Vincent ! »

Je suis donc né le même jour que la signature des accords d'Évian, qui ont mis fin à plus de sept ans de guerre de décolonisation entre l'Algérie et la France. Je suis un homme de paix...

Issu d'une famille modeste, d'un milieu ouvrier dont je suis fier, j'ai grandi en Normandie avec l'amour du vélo chevillé au cœur et au corps. Père, oncles, frères : tous ont pratiqué l'art de la bicyclette. En souliers de ville et collant de jockey, le paternel a participé en 1945 au Premier Pas Dunlop, l'ancêtre du championnat de France juniors. Son petit frère Jacky a remporté près de 250 courses chez les amateurs. J'aurais pu choisir le football (j'étais plutôt doué) ou l'athlétisme (j'ai été champion de Basse-Normandie de cross) mais, comme une évidence, j'ai creusé mon sillon dans le vélo. Avec, avant de passer professionnel chez Renault, un titre de champion de France juniors conquis à Carcassonne.

Certes, je n'ai pas le meilleur palmarès du peloton. En revanche, bon client des médias et apprécié du public par ma bonne nature, mon sens du show, de l'anecdote et du partage, j'en ai été une figure populaire et respectée. Et puis, ce qui ne gâte rien, j'ai eu la chance d'avoir pour équipiers (et un peu plus que ça...) trois champions d'exception, dix fois vainqueur du Tour de France à eux trois : Bernard Hinault, Laurent Fignon, que j'ai accompagné jusqu'à son dernier souffle en 2010, et Greg LeMond, qui me fait l'amitié de signer la préface de cet ouvrage.

C'est d'ailleurs en m'arrêtant pour soulager en tout début d'étape un besoin naturel réclamé par Greg l'Américain que mon destin a basculé : remonté, c'est le cas de le dire, devant la fuite en avant d'un coureur durant notre pause pipi, je me suis transcendé. Et, à défaut de victoire, ce 3 juillet 1984, à Cergy-Pontoise, je me suis emparé du Maillot Jaune. Pour conserver douze journées la si prestigieuse tunique dorée. Cela fera donc quarante ans cet été. Déjà.

On m'en reparle à chaque fois que je me déplace sur le Tour de France, suivi après ma carrière de coureur comme animateur de la caravane publicitaire de plusieurs marques ainsi que consultant, Eurosport hier, Sud Radio aujourd'hui. Avec l'anniversaire des quarante ans et la parution de ce livre, que j'ai hâte de présenter au public, ce sera encore davantage le cas. Le Maillot Jaune en 1984 et ma victoire en solitaire sur le Vieux-Port après cinq ans de vaches maigres, le 14 juillet 1989, jour du bicentenaire de la Révolution française : voilà ce qui revient le plus souvent lorsque l'on évoque mon parcours.

Au lendemain du succès de cette étape entre Montpellier et Marseille, le quotidien *Le Parisien* avait malicieusement écrit : « Barteau, c'est un anticonformiste. Par nature plus que par provocation. Tenez, un exemple : au moment où Léon Zitrone, hier, en était encore à compulser ses notes pour nous commenter le défilé du siècle sur les Champs-Élysées, lui, Barteau, à sept heures du mat', filait à l'aéroport acheter la presse dans la voiture de Guy Nosbaum, l'homme des relations publiques des Super U. "C'était une vraie pile, confie ce dernier, il ne tenait plus. Il s'est levé à 6 heures pour un départ à midi, quelque part ça devait le travailler, cette étape." De là à plaider la préméditation, il y a une marge difficile à combler chez ce Normand madré, blond comme un teuton et aussi roublard qu'un mafioso de Marseille. Barteau, c'est un mec de tête. Et lorsqu'il a les jambes comme hier, ça pète ! » Guy Nosbaum qui, soit dit en passant, dans une autre vie, a été médaillé d'argent aux Jeux olympiques de Rome 1960 en aviron.

Quarante ans, donc, que j'ai été en jaune. Je n'ai pas vu le temps passer. Je ne vis pas avec les souvenirs, aussi truculents soient-ils. J'aime les raconter, pour faire marrer l'auditoire et les copains, mais ils ne m'encombrent pas. Le plus important à mes yeux : la liberté ; elle n'a pas de prix. Et la famille : j'ai quatre enfants, deux gars, deux filles. J'habite toujours en Normandie, tout près de Ouistreham. Et, comme on ne se refait pas, à soixante ans passés, je demeure un épicurien. Je ne suis pas le plus riche du village ; de toute façon je préfère manger mes patates que de dormir dans un cinq-étoiles ! J'ai l'essentiel : je vois la mer de la maison. Je possède un grand terrain, je n'ai pas de vis-à-vis, je suis entouré d'animaux, je suis peinard. Heureux. J'ai arrêté le vélo à 28 ans, pour beaucoup à cause de Cyrille Guimard. Depuis, il n'y a pas un seul jour où je me suis ennuyé. Je prépare à manger, je range et nettoie la maison, je sors les chiens, je m'occupe du jardin, je lis les journaux, je suis les courses cyclistes quand je ne les commente pas, je donne des conférences. Je suis un homme au foyer ! J'aide aussi ma femme, Véronique, qui tient avec énergie le tabac-presse acheté près du Mémorial de Caen, à vingt minutes en voiture de la baraque. Je l'avoue : j'ai le sentiment de n'avoir pas véritablement travaillé depuis ma retraite sportive...

J'ai également tenu avec Véro, fille de commerçants, quatre boutiques franchisées d'une célèbre marque de chocolats, à Caen et Bayeux, vingt ans durant. Je m'occupais principalement des comités d'entreprise et de la livraison.

Lorsque je replonge dans le milieu du vélo, je constate, comme j'ai le même caractère débonnaire et déconneur, que l'on continue de me voir comme le chambreur que j'étais alors que, naturellement, je ne suis pas que ça. Un jour que je rentrais d'une course en avion avec Bernard Hinault, nous échangions sur nos vies. Tandis qu'il me demandait ce que je faisais, je lui ai répondu que j'avais quatre magasins franchisés et une vingtaine d'employés. « Ah bon ? » a lâché Bernard. Il était surpris, étonné. Il n'est pas le premier. Ah ! la réputation...

J'ai aussi investi dans l'immobilier, pris des parts dans des chevaux. Mon image de gai luron m'a peut-être joué des tours. Peu importe. Alors c'est sûr, au moment du décompte, au vu de mes qualités, de mon gros moteur, j'aurais sans doute dû avoir un meilleur palmarès. J'avais la capacité pour gagner une classique, un Paris-Roubaix ou un Liège-Bastogne-Liège. Ou décrocher un titre de champion de France. Mais ça veut dire quoi, réussir ? Raymond Poulidor n'a jamais endossé le Maillot Jaune, je l'ai eu douze jours, treize avec la journée de repos.

Le cyclisme est un sport merveilleux. Mais tellement exigeant, tellement difficile : tu pars souvent de chez toi de longues semaines, tu t'entraînes tous les jours dehors, souvent seul, peu importe le temps. Il s'agit du sport le plus dur au monde ; il est même parfois inhumain. C'est aussi dangereux, question sécurité, et pas si bien payé. Les sacrifices demandés sont énormes, la pression constante. La discipline s'est professionnalisée, le peloton internationalisé, tout est hypersurveillé, les séances d'entraînement comme la nourriture, sans parler, bien sûr, des contrôles antidopage, des tests inopinés, du passeport biologique. Aujourd'hui on connaît beaucoup mieux l'athlète comme l'être humain, ce qui a permis de faire progresser les coureurs. Ils méritent tous un immense respect. Toujours passionné, je continue de suivre les courses avec ferveur, applaudissant les nouvelles générations de champions.

Je me réjouis d'avoir connu un cyclisme flamboyant, entre euphorie et insouciance. J'ai en tête toutes les aventures pas piquées des hannetons que j'ai traversées. Pas besoin de consulter des notes, que je n'ai même pas prises d'ailleurs. Je n'ai pas la mémoire qui flanche. La preuve avec ces cent sacrées histoires que j'ai rassemblées pour vous et qui dessinent une si jolie et épique existence à bicyclette.

LE TOUR DE FRANCE 1984

1
Une pause pipi salvatrice

Greg LeMond m'a porté chance lors du Tour de France 1984, mon tout premier. C'est en m'arrêtant avec lui afin de satisfaire un besoin naturel, l'étape à peine commencée, que mon destin a changé. Et s'est accéléré. Si mon coéquipier ne m'avait pas demandé de marquer une courte pause avec lui ce jour-là, je n'aurais jamais eu le Maillot Jaune. Je vous explique…

Nous sommes le 3 juillet. Dans le but de promouvoir la ville nouvelle du Val-d'Oise, Cergy-Pontoise a été choisie pour accueillir l'arrivée de la 5ᵉ étape du 71ᵉ Tour de France. Avant cela, il faut se farcir 207 kilomètres depuis Béthune, dans le Pas-de-Calais. Tout débute donc du Pas-de-Calais. Et d'une pause pipi. Alors que ça roule tranquille depuis le départ de l'étape, et que la région parisienne est encore loin, j'entends Greg me dire : « Hé, Vincent, on s'arrêterait bien pisser… » Nous sommes autour de la trente, quarantième position. Il faut que je me crée un chemin pour rejoindre la tête de peloton.

« Pardon… pardon… hop… hop… pardon… Merci mon copain… » Je me rabats ainsi sur la droite avec Greg afin de bien leur montrer à tous, et notamment aux hommes de tête, que l'on s'arrête. Les coureurs puis les voitures passent, fenêtres ouvertes. Pendant qu'on commence notre affaire, je capte l'information qui s'échappe de la voiture d'un directeur sportif. Radio-Tour annonce : « Attention, attention, attaque au peloton. » Avec Greg, on se regarde. Et on pense la même chose : « Ils se foutent de nous, on n'attaque pas quand quelqu'un montre qu'il va s'arrêter pisser. »

On remballe nos bijoux de famille et on remonte vite fait en selle. Sur un long faux plat, j'accélère la cadence. Le peloton est en file indienne. Greg est dans ma roue. Par la droite, je le remonte de nouveau dans les premières positions car on sentait que cela pouvait être dangereux. Nous sommes désormais dans les cinq ou six premières positions. « Quand tu m'as remis dans le peloton, hé, j'étais à bloc », me rappellera d'ailleurs Greg le soir.

Je me sens fort. Et particulièrement énervé. J'ai vu un mec basculer en haut du faux plat. J'ai juste eu le temps de l'apercevoir. Aussitôt, je remets deux dents et j'y vais. Je ressors du peloton pour le rattraper et lui passer un savon, persuadé que c'est lui qui a accéléré pendant que l'on se soulageait. Je me hisse à sa hauteur. C'est Maurice Le Guilloux, coéquipier de Bernard Hinault à La Vie claire. Je le connais très bien, mon Momo. Mais je n'ai pas de doute que c'est lui qui a attaqué, qui a essayé de nous flinguer. Alors je l'asticote : « Momo, tu te fous de ma gueule ? Tu rigoles ou quoi ? Putain, et alors, tu ne nous as pas vus nous arrêter pisser ? Ça se fait pas… »

Un peu gêné, Maurice m'explique que c'est un coureur portugais qui a filé devant et attaqué en premier. En l'occurrence Paulo Ferreira. Aussi sec, je réplique : « Ah ouais ? Attends, viens, on va s'en occuper… » On met cinq-six kilomètres pour y parvenir. De suite, je fais sèchement comprendre au Portugais que je n'ai pas apprécié son comportement. Puis j'interroge Maurice Le Guilloux. « Hé, Momo, on se relève ? »

Il reste un paquet de bornes. En ce qui me concerne, je n'ai pas envie de partir pour une journée galère, le Tour est encore long. Mais Maurice n'entend pas, lui, s'arrêter en si bon chemin. « Non, non, non, Vincent, on continue... » Et on a continué de pédaler. Tous les trois. Enfin, surtout Maurice et moi. Le Portugais se contente d'assurer mollement les relais. On mène notre échappée à fond. Notre avance ne cesse de croître. Elle monte même à 24 minutes sur le peloton au 114e kilomètre ! Je me pose des questions. Je me demande où sont passés les autres. 24 minutes, c'est énorme. On roulait bien, mais quand même... Bordel, mais qu'est-ce qu'ils foutent derrière ? Il faut dire que personne n'a intérêt à rouler. Les deux favoris du Tour de France ont un coureur dans l'échappée : Bernard Hinault peut compter sur Maurice Le Guilloux, Laurent Fignon sur moi. Si je n'ai que 22 ans et que j'en suis à ma première Grande Boucle, Maurice a 34 ans. C'est son neuvième Tour, il a été coéquipier de Joop Zoetemelk, de Raymond Poulidor et de Fignon. Bref, un homme d'expérience.

On est en route pour la victoire. Cela va se jouer entre nous trois, c'est sûr et certain, quand bien même notre avance se réduit un peu. Et pour cause : à l'arrière, notre directeur sportif commence à paniquer. Le peloton est apathique, et que je prenne autant de temps au général à Laurent Fignon, populaire vainqueur de l'édition précédente, ne fait pas partie de ses plans. Certes, je suis néo-pro mais avec 24 minutes d'avance, qui sait... Puis le peloton s'est réveillé, et mécaniquement notre avance s'est réduite.

J'ai su bien plus tard de la bouche de Laurent que c'est Cyrille Guimard qui avait « embauché[1] » un coureur de La Vie claire pour foutre le bordel et exciter le peloton. Une confidence qui viendra nourrir un peu plus mon aigreur à l'encontre de Guimard et de ses méthodes souvent limite pour arriver à ses fins. Ceci étant dit, revenons à la course.

On ne lâche rien... Sur les quarante derniers kilomètres, on roule à plus de 43 kilomètres-heure de moyenne, sur des chemins vallonnés. Je veux la victoire d'étape. J'espère qu'elle reviendra à la rigueur à Maurice car, depuis cent bornes, le Portugais ne roule pas ou vraiment le strict minimum. Il se contente de suivre, n'assure plus de relais. Il a 22 ans, c'est aussi son premier Tour. Tout mielleux, il nous a glissé : « Vous avez ma parole, je serai troisième de l'étape, c'est déjà beau ce qui m'arrive. Je roule avec vous mais je n'en peux plus, je ne ferai pas le sprint. »

Il nous enfume aussi en évoquant la mémoire de Joaquim Agostinho, le Bernard Hinault portugais. C'est vrai que le coureur est mort deux mois plus tôt, en mai 1984, à 41 ans, des suites d'une chute provoquée par un chien qui traversait la route lors du Tour de l'Algarve ! Agostinho a été deux fois sur le podium du Tour de France et deuxième du Tour d'Espagne. C'était l'idole de Paulo Ferreira, qui joue la corde sensible. Ah ! le salaud, il nous a bien endormis, à nous laisser croire qu'être dans l'échappée suffisait à son bonheur, parlant de la mémoire de Joaquim Agostinho.

Je suis jeune et encore naïf. J'ai conscience, à l'approche de l'arrivée, que je vais revêtir le Maillot Jaune. Mais, encore une fois, je suis obsédé par l'étape. Je n'ai pas la

1. Accord financier confidentiel et interdit entre un directeur sportif ou un leader, et un coureur d'une équipe adverse afin que ce dernier se mette à son service momentanément.

notion de ce que représente le Jaune alors que, une victoire d'étape, c'est du concret. J'ai envie de lever les bras à Cergy-Pontoise, de passer en premier la ligne d'arrivée sur le boulevard de l'Hautil, au pied de la préfecture. Hélas, alors que je suis le plus fort au sprint, Paulo José Dos Santos Ferreira m'endort et met un pétard sur la ligne[1]. C'est lui qui la franchit en tête. Je n'ai surveillé que Maurice et je n'ai pas fait attention au Portugais. Je me suis fait baiser en beauté...

Paulo Ferreira arrive le premier à Cergy-Pontoise, au bout de presque cinq heures d'efforts. Je finis deuxième et Maurice Le Guilloux troisième. Le gros du peloton arrive... 17 minutes 41 secondes derrière.

Je suis terriblement déçu en franchissant la ligne. Je suis en jaune, OK, mais, sur le coup, j'ai les boules. J'ai d'ailleurs des difficultés à sourire lors de la présentation sur le podium. Bon Dieu, que j'ai été naïf...

Juste après l'arrivée au sprint où nous finissons au coude-à-coude, je poursuis à vélo. On passe sous un pont et, toujours furax, je mets un coup dans le foie du Portugais. « Putain, espèce de con, t'as pas roulé du tout et tu gagnes... »

Je n'ai pas été sympa. Le soir, au dîner, nous sommes à quelques mètres l'un de l'autre. Les Renault sont installés dans le même hôtel que son équipe, la Sporting Lisboa-Raposeira. Je le regarde méchamment tout le long du

1. Paulo Ferreira racontera aux journalistes : « Que le Renault et l'autre ne racontent surtout pas que je suis resté dans les roues pour les piéger au sprint. Si je ne suis plus passé, c'est que j'étais fatigué. Ce n'était tout de même pas mon rôle de me faire exploser pour leur offrir la victoire sur un plateau. J'ai bien remarqué qu'ils se parlaient beaucoup tous les deux. Mais je ne voulais pas me faire avoir. Le sprint, c'est ma spécialité après tout. »

repas. Les potes se foutent de ma gueule en répétant : « Ah ça, il t'a quand même bien arrangé, le Portugais. Vas-y, va le voir... » Il mange sa soupe en regardant son assiette. Quand il lève la tête, je le fixe méchamment. Je lui montre mon poing et serre la mâchoire en lui suggérant : « Tu vas voir ta gueule ! »

Paulo Ferreira ne moufte pas ! Je ne sais pas comment il peut être fier d'avoir gagné une étape de cette manière... Et dire que je l'ai cru quand il nous a juré qu'il était trop fatigué pour jouer la gagne, qu'il se contenterait de la troisième place. Le gars avait donné sa parole qu'il ne ferait pas le sprint. Au lieu de quoi, il nous a fait la nique.

Je me console avec le Maillot Jaune. À cet instant, je ne mesure pas l'impact qu'il peut avoir, d'autant plus que je ne pensais pas être en mesure de le garder trop longtemps, Maurice Le Guilloux n'étant par exemple qu'à une minute trente-trois. J'avais tort...

2

Des frites mayo la veille du Maillot Jaune

J'ai l'impression que, dans le peloton, on se marre nettement moins qu'à mon époque. Je ne juge pas. Aujourd'hui, c'est plus sérieux, plus difficile aussi. Tout est soupesé, la concurrence s'est accrue, le peloton s'est internationalisé, les gabarits se sont uniformisés, les réseaux sociaux ne vous lâchent pas. Nous, on était quand même un peu branleurs, un peu dilettantes ! Surtout, beaucoup, beaucoup plus libres.

Pendant le Tour, plusieurs équipes logeaient dans le même hôtel sur certaines étapes. À table, même nourriture pour tout le monde. Les pâtes arrivaient pleines de flotte ou froides. Peu importe, on mangeait. Il n'y avait aucun contrôle sur la bouffe. Pour le lit, tu dormais dans celui qui t'était proposé, même s'il y avait des punaises de lit dans le matelas ! On ne s'en souciait pas. Aujourd'hui, les équipes, sur le Tour, ont leur propre cuisinier, qui prépare les repas dans le bus. Nous, après chaque étape, nous attendions d'arriver à l'hôtel pour prendre la collation. Désormais les coureurs la prennent juste après, dans le bus, préparée par leur cuisinier. Ils font gaffe à ce qu'ils mangent, d'ailleurs ils ne mangent plus tellement à l'hôtel. On leur emporte même leur lit, qui les suit le long du Tour ! J'ai connu une autre époque. Où l'on pouvait prendre un verre de vin ou se taper une bière à table.

Quand j'y repense : la veille de ma prise du Maillot Jaune lors du Tour de France 1984, l'étape arrive à Béthune après être partie de Valenciennes. J'ai soudain une énorme fringale. Je repars dans la voiture de l'équipe direction l'hôtel, on roule au pas car il y a du monde. J'aperçois un mec à droite de la route qui vend des frites. Je demande au mécano de stopper. « Prête-moi dix balles, Patrice, s'il te plaît, je te les rends arrivé à l'hôtel. »

Le mécano me tend un billet, je sors de la voiture et je prends des frites à la mayonnaise. Que je dévore aussi sec. Une voiture n'est pas loin et observe la scène en silence. À bord, Peter Post, ancien vainqueur de Paris-Roubaix, alors manager de Raleigh. Le Hollandais me voit et ne dit rien. Le lendemain, lorsque je prends le Jaune, il me tape sur l'épaule en avouant, à entendre avec son accent : « Tu nous as montré que tu les avais bien digérées, tes frites mayo ! Incroyable : tu es plus fort que les frites mayo ! »

J'ai alors compris qu'il m'avait vu. Et peut-être évoqué le sujet en chambrant avec Cyrille Guimard. Car mon directeur sportif m'a balancé, quand j'ai endossé le maillot de leader : « Comme quoi… »

Faire aujourd'hui ce que j'ai commis en 1984 serait inimaginable… Les équipes ont leur diététicien, leur nutritionniste. Chaque élément est pesé, le sommeil analysé, etc. Ce n'était pas trop mon genre ! Pour vous dire : une fois, alors que je participais à l'Amstel Gold Race, une course aux Pays-Bas qui est la première des trois classiques ardennaises de la saison, je suis arrivé tard à l'hôtel. Nous étions partis de Paris avec mon pote Laurent Loulier, le kiné de l'équipe, à la mauvaise heure. En plein dans les bouchons. Compte tenu de l'horaire tardif auquel nous allions débarquer au vu de la circulation, et sachant que les cuisines du restaurant de l'hôtel près de Maastricht où nous logions seraient fermées, j'ai proposé que l'on s'arrête manger en route. J'avoue : j'ai pris des ris de veau, accompagnés d'un châteauneuf-du-pape ! J'ai préféré manger, et bien manger, plutôt que me faire masser l'estomac vide une fois installé dans la chambre. Et forcément, à l'heure à laquelle nous avons surgi, autour de 23 h 30, je n'ai même pas cherché à me faire masser par Laurent. Le lendemain était donné le départ de l'Amstel Gold Race. Et cela ne m'a finalement pas si mal réussi : malgré des conditions climatiques disons pénibles, j'ai terminé 26e et 3e Français des 242 kilomètres.

Guimard avait raison : comme quoi…

3

Père et oncles au gnouf la veille de mon arrivée à Nantes

Vendredi 6 juillet 1984. Température ensoleillée pour cette 8e étape du Tour de France, 192 kilomètres entre Le Mans et Nantes. Pour mon premier Tour, je porte le Jaune et je compte bien le conserver à l'arrivée à Nantes, la ville de mon père. D'autant plus que la ligne à franchir, par le boulevard de la Reine et l'église Sainte-Thérèse, se trouve à cinquante mètres de la maison où vit encore sa maman, ma grand-mère donc, même si, pour l'occasion, sa rue est fermée à la circulation par des barrières. La veille de l'étape, mon père, avec ses frères Gilles, Jacky et Georges, avec aussi Lionel, le fils de ce dernier, veulent marquer le coup. Ils ont acheté des pots de peinture et se sont employés à écrire au pinceau du « Allez Vincent ! » ou du « Allez Barteau, on est avec toi ! » sur la route le long des vingt derniers kilomètres de l'étape.

Ils étaient à leur affaire quand, après quelques kilomètres de peinture sur la route à afficher mon nom, des policiers se sont approchés, peut-être alertés par les coups de klaxon des automobilistes. La bande des Barteau se trouvait alors sous un pont, sans doute un peu agitée et allumée par le soleil comme par la tournée des bars pour célébrer mon maillot ! L'explication a, semble-t-il, été agitée. Mon père et ses frères ont eu beau expliquer qui ils étaient, cela n'a pas suffi à convaincre les forces de l'ordre, les coups de peinture sur le bitume n'étant pas les bienvenus, pas plus que leur excitation. Bref, tout le monde a été embarqué au poste. Et mon père comme mes oncles et mon neveu ont dormi au gnouf ! Ils sont heureusement ressortis le lendemain, plusieurs heures avant l'arrivée. Et ils ont pu me voir débouler à Nantes en Maillot Jaune, confortant tranquillement ma tunique.

4

Les vilains tours de Guimard

Je ne dis pas que j'aurais pu remporter le Tour de France 1984. Ni que je le méritais. Mais quand même… C'est un fait que Cyrille Guimard voulait absolument que mon coéquipier et leader Laurent Fignon gagne. Il était le Maillot Jaune en titre, un titi parisien, très reconnu et médiatique. Le vainqueur idéal, celui qui cochait toutes les cases. L'échappée qui m'a permis d'endosser le Maillot au soir de la 5e étape a compté jusqu'à 24 minutes d'avance. J'étais jeune, en parfaite condition physique. Vingt-quatre minutes, tout devenait possible. Ça commençait à être chaud pour Guimard ! J'ai appris des années après, de la bouche de Laurent Fignon, que Guimard m'avait joué de vilains tours. Par exemple, quand notre échappée a pris énormément d'avance, en faisant en sorte que l'écart se réduise. Comment ? Derrière nous, le peloton musardait. Une poignée de coureurs se sont arrêtés sur le bord de la route pour se soulager. Alors qu'ils réintégraient le groupe, il a interpellé l'un d'eux, un coureur français d'une équipe française, et lui a demandé d'exciter le peloton. Et qu'il serait payé en retour.

Le coureur en question, sollicité pour dynamiter la course et relancer tout le monde à nos trousses, se reconnaîtra. Le pire est que cela a fonctionné. Quel était l'objectif de Guimard, alors que j'étais dans le trio de tête et que j'allais prendre le Jaune ? Que l'écart ne soit pas trop important pour Fignon. Guimard connaît mes qualités, il sait que je suis un gros moteur. Jusqu'où aurais-je pu aller ?

D'autres épisodes, avec le recul, m'interpellent. Le 15 juillet, 16e étape au lendemain de la journée de repos. Un contre-la-montre de 22 kilomètres devant une foule immense entre Les Échelles et La Ruchère avec 800 mètres de dénivelé. Le dernier du classement général partira à 11 heures. Il y a 140 partants. Toutes les deux minutes, un coureur s'élance. Autant dire que Laurent et moi, respectivement deuxième et premier du général, avons le temps de rouler sur le circuit de La Ruchère, perché en plein centre de la Chartreuse, pour mieux reconnaître la montée finale. Dans une voiture Renault, Laurent et moi partons en fin de matinée, à l'heure des premiers départs de la course ; ce n'est plus possible aujourd'hui. Le mécano roule une trentaine de bornes et nous dépose au pied de La Ruchère. Tandis que j'enfile mes chaussures, je cherche mon vélo du regard. Je ne le vois pas. Putain mais je rêve ? Mon cœur se met à taper de plus en plus fort. C'est désormais une certitude : mon vélo est resté à l'hôtel ! Je lance un regard noir au mécano. « Hé, ho, mon vélo ? » « Oh merde, j'ai pas fait gaffe. Désolé... », me répond-il, accablé. « Oui mais on fait comment maintenant ? »

L'erreur est humaine, mais bon... Était-ce une consigne de Guimard ? J'ai un sérieux doute. Très sérieux. Du coup, je ne me suis pas du tout entraîné. J'ai attendu comme un con dans la bagnole que Laurent termine sa séance. Cela ne m'a pas fait rire du tout. Laurent gagnera ce chrono d'altitude, devant Luis Herrera, Pedro Delgado et Bernard Hinault. Je sauverais les meubles.

Le lendemain, j'ai perdu le Maillot Jaune, lors de l'étape entre Grenoble et l'Alpe d'Huez. Sur la côte de Laffrey, j'ai explosé. Luis Herrera a gagné l'étape en solitaire, 49 secondes devant Laurent Fignon. J'ai fait ce que j'ai pu, terminant à plus de 10 minutes du vainqueur. C'est ainsi que Laurent a pris le Jaune. Je reste alors son dauphin, relégué à 4 minutes, Bernard Hinault complétant le podium quarante secondes plus loin. Là où je m'étonne, c'est pourquoi les Colombiens ont attaqué si près du départ à Grenoble ? Quel était leur intérêt ? C'est simple : Guimard les a payés. Laurent me l'a affirmé. Oui, après réflexion, il n'y avait aucune raison d'attaquer si tôt. L'étape était longue et difficile. Guimard voulait que je saute. C'est ce qui s'est produit. Et concrétisé autour du 100e kilomètre, sur la côte de Laffrey, perchée à 910 mètres. Là j'ai lâché. Je ne suis jamais rentré sur le groupe de tête. Laurent était euphorique, il aurait probablement, quoi qu'il arrive, gagné le Tour.

Entre l'échappée ralentie, le vélo oublié et l'attaque des Colombiens, difficile de gagner le Tour. Mais je ne suis pas une victime. J'ai vécu deux semaines de bonheur avec le Maillot Jaune. Et ça, « le paillasson », comme Laurent a surnommé Guimard dans son autobiographie, ne pourra jamais me l'enlever !

5

Propre comme un sou neuf

Ce qu'il y a de mieux, avec le Maillot Jaune, c'est que l'on en a un tout neuf et tout propre tous les jours. Et qu'il n'y a donc pas besoin de laver le sien ! Cela fait partie des avantages d'endosser cette formidable tunique. D'ailleurs, je ne l'ai pas seulement porté douze jours en 1984, comme il est écrit partout, mais treize. Merci la journée de repos ! C'était à Grenoble, le 14 juillet, et j'avais reçu la visite de Béa, enceinte de notre premier enfant, et de mon père, qui me suivait partout, par tous les moyens, depuis que j'avais enfilé ce Maillot Jaune. Mon oncle et ma tante, qui habitaient en Suisse, étaient également présents. La famille, j'ai à peine eu le temps d'en profiter car je devais m'entraîner le matin. Aussi au programme : petit massage, casser la croûte, sieste.

Le lendemain, c'était reparti pour un contre-la-montre de 22 kilomètres dans les Alpes, entre Les Échelles et La Ruchère. Laurent Fignon a gagné ce chrono d'altitude, devant Luis Herrera, Pedro Delgado et Bernard Hinault. Quant à moi, j'ai réussi à conserver encore quelques heures mon précieux Maillot malgré quelques péripéties matinales auxquelles Cyrille Guimard n'est pas totalement étranger. J'ai terminé 53e de l'étape, à 3 minutes 44, gardant ainsi 6 minutes 29 sur mon capitaine et 9 minutes 15 sur le troisième, Bernard Hinault.

6

Avec Jane Seymour à l'*Alcazar*

Le soir du Tour de France 1989 remporté par Greg LeMond devant mon coéquipier Laurent Fignon pour huit secondes, j'ai dormi au *Crillon*, invité par Greg, et le lendemain, après un détour par les planches de Deauville, nous avons tous les deux participé au critérium de Lisieux, que j'ai remporté en nocturne devant quinze mille spectateurs. Le soir du Tour de France 1984, en revanche, j'ai fait la fête presque toute la nuit avec une bonne partie de l'équipe. Il faut dire que Renault avait réalisé un carton sur l'épreuve : Laurent Fignon en jaune sur les Champs-Élysées et lauréat de cinq étapes, Greg LeMond sur le podium, moi qui porte le Maillot Jaune douze jours, victoire d'étape de Marc Madiot, de Pierre-Henri Menthéour, de Pascal Jules, de Pascal Poisson, victoire au contre-la-montre par équipes. Une véritable razzia...

Alors, pour célébrer l'événement, direction l'*Alcazar*, dans le quartier de Saint-Germain-des-Prés. Un cabaret parisien mythique, créé et tenu par Jean-Marie Rivière. Un sacré personnage, qui a longtemps incarné la nuit parisienne. Celui qu'Antoine Blondin baptisera « l'entrepreneur de travelos publics » animera plus tard le *Paradis latin*. La fête est joyeuse à l'*Alcazar*. Nous avons un invité prestigieux : la comédienne britannique Jane Seymour, James

Bond Girl auprès de Roger Moore dans *Vivre ou laisser mourir* et qui jouera l'héroïne de la série *Docteur Quinn, femme médecin*. Elle est à table avec nous, Laurent Fignon la croque du regard. L'ambiance est électrique. Avec Pierre-Henri Menthéour, mon fidèle compère, on fait les cons. On se joint au spectacle des danseurs et danseuses, enfilant un tutu et descendant les fameux escaliers de l'*Alcazar*. Guimard est là, Greg LeMond aussi. Laurent grimpe sur les épaules de Pascal Jules, magnum de champagne en main. Nous quittons l'établissement à l'aube.

De retour au *Concorde Lafayette*, nous avons envie de prolonger l'euphorie. La piscine de l'hôtel est fermée. Pas de quoi nous empêcher de piquer un plongeon ! On est chaud pour y aller et du coup, on y va... Pierre-Henri, Pascal, Laurent et moi nous sommes baignés. La nuit est très courte. En fin de matinée, on grimpe dans les nouveaux Renault, les Espace, que le sponsor nous a confiés. Direction les Pays-Bas, pour un critérium. On se relaie au volant. Nous arrivons sur place, pas très frais. Au départ de la course, Laurent est salué par le public et reçoit une gerbe de fleurs. Je suis aussi présenté au public, au titre de révélation du Tour de France. Merci pour les fleurs ! Il y a là du beau monde : Pedro Delgado, Sean Kelly, Adrie van der Poel, les locaux Steven Rooks et Gert-Jan Theunisse. Il y a un huit à faire sur le circuit. Ça roule vite, très vite, trop vite. J'ai du mal à suivre. La fatigue est là. Tous les Renault sont déconfits. Au point même que, sur certains tours, alors qu'on me passe les bidons, j'ai à peine le temps de m'en emparer que je suis largué par le peloton ! Je n'irai d'ailleurs pas au bout du critérium.

GREG LEMOND

7

Après avoir battu Fignon, il m'offre sa Mercedes

Le Tour de France 1989, disputé dans la foulée des célébrations du bicentenaire de la Révolution française, reste dans les annales. Et pas seulement pour ma victoire lors de l'étape du 14-Juillet !

Parti du Luxembourg, ce Tour a offert le suspense le plus fabuleux de son histoire. Du grand spectacle en continu et un drame en guise d'apothéose. Au final, chacun s'en souvient, c'est Greg LeMond qui remporte la 76e édition, le dimanche 23 juillet, sur les Champs-Élysées. Lors du contre-la-montre de la dernière étape, avec son casque profilé et son guidon de triathlète, il rattrape son retard sur Laurent Fignon, mon coéquipier, et arrache la victoire pour huit petites secondes, le plus faible écart jamais enregistré depuis la création de l'épreuve en 1903. Huit secondes seulement après près de 3 500 kilomètres de course ! Totalement dingue. Personne n'imaginait possible un tel retournement de situation, même si, et la plupart l'ignoraient, Laurent était diminué physiquement par une blessure à la selle. Et dire qu'il possédait 50 secondes d'avance au matin de l'arrivée sur la plus belle avenue du monde...

La veille au soir, durant le transfert en train entre L'Isle-d'Abeau, dans l'Isère, et la gare de Lyon, des gars de l'équipe, la Super U-Raleigh-Fiat, faisaient et refaisaient les comptes. Cinquante secondes sur un parcours plat de 24,5 kilomètres : franchement, comment croire que l'affaire ne soit pas encore pliée ? Pas nous, en tout cas. Près de deux secondes à grignoter par kilomètre, même Tom Cruise dans *Mission impossible* n'y arriverait pas ! Greg, lui, pourtant, entretenait le fol espoir. Quand je le croise dans le train, il me lance d'ailleurs très posément : « Tu sais, Vincent, je n'ai pas encore perdu le Tour... »

J'éprouve une drôle de sensation. Je suis content pour lui car il ne se rend pas. En mon for intérieur, je me dis : « Putain, la vache, il y croit ! » Je ne suis évidemment pas allé raconter aux autres que Greg pensait encore pouvoir gagner le Tour. De toute façon, que pouvais-je y faire ? C'était aux deux cadors de s'expliquer entre eux... Pour moi, peu importe le vainqueur, Greg et Laurent restent et resteront deux grands copains. Bien sûr, j'ai davantage d'intérêt, financier notamment, à ce que Laurent gagne. Mais que Greg triomphe un peu plus de deux ans après son terrible accident de chasse en Californie, où il a vraiment failli y passer, ce serait merveilleux. Depuis la 5e étape de ce Tour, ils enfilent à tour de rôle le Maillot Jaune dans un superbe *mano a mano*. Laurent est fort, très fort : en cette année 1989, il a déjà remporté la classique Milan-San Remo et le Tour d'Italie, avec plus d'une heure d'avance sur LeMond, qui a terminé à la 39e place !

Mais, ce 23 juillet, tout demeure théoriquement possible. J'en finis avec mon contre-la-montre, équipé de ma guidoline bleu-blanc-rouge découverte le matin même : une surprise des mécanos en hommage à ma victoire à Marseille le 14 juillet, jour du bicentenaire de la prise de la

Bastille. On défile les uns après les autres vers Paris. Départ toutes les minutes puis toutes les deux minutes pour les derniers concurrents. Après en avoir fini avec l'épreuve, nous nous retrouvons chez Lenôtre. Une réception est organisée pour l'équipe. Les femmes et les enfants sont là. Les retrouvailles font du bien. Nous avions juste pu voir brièvement nos femmes la journée de repos. L'ambiance est chaleureuse, idyllique. Dans quelques minutes, notre équipe va gagner le Tour de France... Dans la salle, des écrans télé partout. On a tous la banane. Christophe Lavainne, qui remportera une étape du Tour de France en 1987, tient les comptes. Avec la prime de victoire, avec celle du sponsor, on s'apprête à toucher chacun une jolie somme. Environ 60 000 euros actuels. De quoi s'offrir de belles vacances en famille ! La détente règne. Pourtant, au fur et à mesure que l'heure du départ de LeMond et Fignon se précise, une certaine tension nous rattrape insidieusement. L'adrénaline. La température monte un peu, tout doucement.

À 16 h 12, ça y est, LeMond s'élance de Versailles. Et Laurent à son tour, deux minutes plus tard. D'emblée, l'impression visuelle ne trompe pas. Greg pédale droit et fluide, super à l'aise, alors que Laurent pioche. Après 10 kilomètres, Antenne 2, qui diffuse la course, effectue un pointage officieux par ses motos. L'effet se confirme : LeMond a déjà repris 19 secondes. Au chrono intermédiaire officiel, un peu plus loin, l'écart grimpe à 21 secondes. Incroyable est la vitesse à laquelle Greg a déjà comblé une large partie de son retard. Il n'a plus « que » 29 secondes à engranger sur les treize derniers kilomètres.

Laurent n'est pas pour autant ridicule, loin de là, mais Greg carbure à un rythme d'enfer. Et, surtout, il ne faiblit pas. On sent qu'il se passe quelque chose... S'il garde ce tempo, ça va être très compliqué. On entre dans Paris, sur les quais de Seine. Nouveau pointage, Greg confirme. Il continue à imprimer son tempo. Certains équipiers, jusque-là hyper confiants, commencent à s'inquiéter. Ils poussent les assiettes et les verres d'un revers de main. « Putain, mais c'est pas possible ! J'ai bien entendu : il a déjà repris 40 secondes ! »

Plusieurs d'entre eux reculent les chaises et se lèvent. Plus personne ne tient assis. Le Tour va se jouer dans un mouchoir de poche. Greg continue sa chevauchée fantastique jusqu'au bout. Il franchit la ligne en ayant roulé à presque 55 de moyenne, pulvérisant le record. Une performance exceptionnelle.

Nous attendons maintenant Laurent. En silence. Notre cœur s'emballe. Le mien sans doute moins que les autres : Greg est un copain. Les autres sont excités, certains font des demi-tours sur eux-mêmes. Sur la 2, Patrick Chêne, avec à ses côtés Robert Chapatte, commence juste après le passage de l'Arc de Triomphe de Fignon à égrener le compte à rebours tandis que Jean-Paul Ollivier, casque sur les oreilles, est avec Greg LeMond attendant le verdict. Laurent n'a plus que quelques secondes pour arriver, sinon il est battu... Et Chêne de lancer à l'antenne :

« Voilà ! 10 secondes... 9, 8, 7, 6, 5, 4, 3, 2, 1... Top. Laurent Fignon a perdu le Tour de France 89, Greg LeMond l'emporte. C'est fini. Laurent Fignon a perdu le Tour de France. Moment intense, moment d'émotion... »

Chez Lenôtre, on entendrait une mouche voler. Quelle chape de plomb. Comme si Mike Tyson était venu dans la salle distribuer des bourre-pifs : K.-O. général. Tyson, aujourd'hui, c'est LeMond. On a tous pris une droite en pleine gueule. À 16 h 41 minutes et 55 secondes, Laurent, qui souffre le martyre sur sa selle, franchit la ligne 8 secondes trop tard. Il termine pourtant troisième de l'étape, à 52 kilomètres-heure de moyenne, seulement battu par LeMond et notre coéquipier Thierry Marie. On découvre Laurent restant allongé sur le bitume des Champs-Élysées, en pleine détresse, tandis que LeMond exulte tout en semblant ne pas y croire lui-même.

Au-delà de la perte pécuniaire que représente la deuxième place au général alors que la victoire était attendue, je suis déçu pour Laurent. Mais aussi, je le reconnais volontiers, tellement content pour Greg. Il revient de si loin. J'ai tout donné pour l'équipe, j'ai joué le jeu à fond mais il a été le plus fort. Et sur les contre-la-montre de ce Tour, il a été le plus dominateur. Je pense à celui de 73 kilomètres entre Dinard et Rennes : Greg y relègue Pedro Delgado à 24 secondes et Laurent Fignon, troisième, à 56 secondes. Greg lui avait aussi repris 47 secondes dans le contre-la-montre en côtes, entre Gap et Orcières-Merlette. Il n'y a donc pas que sur les Champs que Laurent a perdu ce Tour. Cette arrivée mythique a changé la perception que les gens avaient de lui, ça l'a rendu aussi plus humain, peut-être. Il ouvre d'ailleurs ainsi son autobiographie[1], parue en 2009 un an avant son décès, en citant un dialogue qu'il a eu tellement souvent ensuite :

« Ah ! mais je vous reconnais : vous êtes celui qui a perdu le Tour de huit secondes !

– Non monsieur, je suis celui qui en a gagné deux. »

Sur le coup, c'est sûr, ça tire la gueule dans l'équipe. Notre prime va être divisée par trois ! L'addition n'est plus

1. Laurent Fignon, *Nous étions jeunes et insouciants*, Grasset, 2009.

la même. Elle est sacrément salée… Les feuilles sur lesquelles étaient inscrites les primes que l'on devait toucher sont roulées en boule et jetées par terre. Quand la porte s'ouvre, elles s'envolent. Comme nos illusions… J'imagine la joie incommensurable de Greg. Lui qui, trois ans plus tôt, est devenu le premier coureur non européen à remporter le Tour, en 1986. Et qui, neuf mois plus tard, touché dans le bas du dos et sur son flanc lors d'une partie de chasse en famille, a dû passer par une lente et douloureuse reconstruction, conservant à vie une trentaine de plombs dans le corps. Nous avons été partenaires. Nous sommes surtout amis. La connexion a été immédiate, dès notre premier stage en commun à Opio. Je suis allé plusieurs fois le voir aux États-Unis. Un lien fort nous unit.

Pour l'anecdote, quelques jours plus tôt, Cyrille Guimard, notre directeur sportif, lui avait proposé de venir dîner avec nous en compagnie de sa femme, Kathy, au soir de la dernière étape. Greg était un peu isolé dans son équipe, la modeste formation belge ADR-Agrigel-Bottechia, il lui restait peu de partenaires en course. Guimard pensait, comme tous, que Fignon allait gagner le Tour. Bien sûr, Greg n'est pas venu. Étant donné qu'il s'est imposé et qu'il a battu notre leader, Guimard ne lui a pas redemandé ! Pour Laurent, perdre l'épreuve comme ça… Terriblement cruel. Après une telle débauche d'efforts, tu n'as qu'une envie : rentrer chez toi, retrouver les tiens. Et ne plus voir personne. Greg, lui, et on le comprend, est euphorique. Peu de ses coéquipiers avaient pu rallier Paris. Il ne restait plus, sur les Champs, que Johan Lammerts, René Martens et Johan Museeuw, tous les autres ayant été éliminés ou abandonnant au fil des étapes. Et les trois sont dare-dare retournés en Belgique. J'ai passé le début de soirée avec

Renault puis j'ai rejoint Greg au *Crillon*, afin de fêter sa victoire. Nos épouses étaient là.

Il m'a pris une chambre. La classe, le *Crillon*, qui trône sur la place de la Concorde. Il y avait du marbre partout dans la chambre. Sûr que ça me changeait de mon quotidien pendant trois semaines, à dormir à deux dans un hôtel pendant le Tour. Je suis passé d'un équipier dans deux lits à une équipière dans un grand lit ! Greg m'a invité au *Crillon*. Il a toujours été très généreux, c'est dans sa nature. Avec lui, je ne pouvais rien payer. Parfois, ça me gênait car j'aurais bien voulu...

Greg avait plusieurs Mercedes, garées chez lui en Belgique. Je lui avais toujours dit que le jour où il vendrait sa 300, j'étais preneur pour l'acheter. Le lendemain matin de sa victoire, au petit-déjeuner, il me montre les clés de sa voiture et dit : « Tiens, Vincent, la Mercedes 300, elle est pour toi ! »

Un geste de seigneur. Nous n'étions plus dans la même équipe mais il n'avait pas oublié tout ce que nous avions vécu et traversé. Le lendemain soir, au critérium de Lisieux, j'ai exhibé ma grosse Mercedes immatriculée dans le Colorado ! Je peux vous dire que j'ai fait de l'effet...

8

Tour du Mexique, plage et farniente

Pour préparer idéalement la saison, j'ai eu le plaisir de m'entraîner à plusieurs reprises du côté de chez Greg LeMond aux États-Unis. Il était installé sur un golf à Rancho Murieta, près de Sacramento, en Californie. Nous faisions de longues sorties avec d'autres coureurs, comme le Canadien Steve Bauer, notre coéquipier en 1987 à La Vie claire et qui, la saison suivante, portera plusieurs jours le Maillot Jaune, finissant quatrième au classement général. Notre routine a pris un jour un drôle de tournant ! Alors que nous roulions au milieu de nulle part à six ou sept, un énorme pick-up nous a doublés et a pilé devant, nous obligeant à nous arrêter en plein effort. Le conducteur est sorti, tenant à la main un imposant fusil de chasse. Le gars arborait une étrange dégaine, portait un chapeau de cow-boy et possédait un regard de fou. Il a exhibé son fusil et nous a lâché sans ciller : « Montez dans le pick-up ! »

La situation était tendue. Nous étions coincés. Personne à l'horizon sur cette grande route au milieu de la montagne. Greg a essayé de parlementer mais le fada était déterminé ; il a même pointé son arme sur lui. « Bon, on va obtempérer, le mec est dangereux », a prévenu Greg.

Ouf, une voiture approche. Mais l'homme cache l'arme à son passage et le véhicule poursuit son chemin sans remarquer quoi que ce soit d'anormal. Je ne sais pas ce qu'il nous veut, ni ce qu'il compte faire de nous mais je suis inquiet. Alors que l'on commence à mettre les vélos dans son pick-up, une autre voiture se détache à l'horizon. Bonne nouvelle : il s'agit d'un véhicule de police. Qui ralentit à notre hauteur. C'est notre chance. À coups de grands signes, nous montrons aux flics notre détresse et faisons comprendre que le gars est timbré et dangereux. Ils s'arrêtent illico et embarquent le mec sans poser de questions, lui confisquant son arme au passage.

Nous en profitons pour récupérer nos bécanes et partir sans demander notre reste. J'ignore le sort que comptait nous réserver ce preneur d'otages de l'impossible et je préfère ne pas le savoir. J'ai appris par Greg que l'hurluberlu a fait un an de prison !

Au-delà de cet épisode, j'ai aimé rouler avec lui aux États-Unis. Ou au Mexique. En 1987 toujours, quelques mois après sa grave blessure, et afin de retrouver le haut niveau qui était le sien, il m'a proposé de participer au Tour du Mexique. J'ai foncé, d'autant que c'était l'hiver en France et que préparer au soleil le foncier en vue de la nouvelle saison semblait idéal. Banco donc pour cette course par équipes de quatre qui se déroule en novembre. Je suis avec Greg, un autre Américain et un Sud-Américain. La première étape se joue sous une chaleur accablante. En plus c'est en altitude. Je suis à la rue, je manque d'oxygène. Sur le faux plat, je n'ai plus de gaz. Une voiture de l'organisation suit notre équipe à bonne distance. J'ai besoin d'un ravitaillement. Je décroche pour récupérer un bidon auprès de l'intendant qui nous est dédié. La vitre est ouverte, la main du conducteur sortie avec le bidon. Mais je m'accroche au bidon. Je reste quelques dizaines de mètres en le tenant ainsi que la vitre, histoire de reprendre mon souffle. Je retarde l'échéance de repartir, ça fait environ 200 mètres que je me laisse porter par la bagnole, qui accélère. Pas vraiment de la triche mais bon, ce n'est pas autorisé. Une moto de commissaire me voit et fait « non, non, non » de la tête. J'ai compris. À la fin de l'étape, je serais exclu. Cela tombe bien, j'en ai ras le cul. Pourquoi continuer, d'ailleurs ? Je mets le pied à terre. Terminé.

Je grimpe dans le van qui n'est pas très loin. Je dégage dès le premier jour alors que l'épreuve compte douze étapes. Mais je ne suis pas le seul : une trentaine de kilomètres plus tard, Greg abandonne, il n'en peut plus. Son accident de chasse est récent, il souffre encore en course et va au maximum de ses capacités. En plus il a été pris dans une chute massive. Il me rejoint dans le van. Et le troisième coureur de notre équipe arrive hors délai. Quel festival… Quant au quatrième membre, le Sud-Américain surmotivé, il va finir le Tour du Mexique tout seul !

Pour nous consoler de cet échec, prendre du bon temps et fuir la pollution, Greg suggère de partir en avion au nord du pays, à Puerto Vallarta, magnifique cité balnéaire dont j'ai vite compris pourquoi elle était jumelée avec Saint-Tropez. C'est dans l'État de Jalisco, à l'embouchure du Rio Cuale. John Huston y a tourné *La Nuit de l'iguane* avec Ava Gardner et Richard Burton. Greg a réservé un hôtel avec, dans les chambres, d'immenses baies vitrées donnant sur la mer. Nous avions emmené les vélos, nous disant qu'entre deux baignades, nous allions rouler une centaine de kilomètres par jour histoire de rester en forme. Eh bien pas du tout ! Les vélos n'ont pas quitté la chambre, ils se sont même dégonflés à force de ne pas être utilisés ! Au programme de cette grosse semaine : soleil, farniente, plages et rigolade. Nous nous sommes bien amusés. Nous avons même fait du parachute ascensionnel. De sacrées belles vacances…

9

En cuisine la nuit pour lui préparer des hamburgers

Que Greg LeMond ait gagné deux nouveaux Tours de France, en 1989 et 1990, après avoir vu la mort d'aussi près, je trouve cela magnifique. Greg et moi, c'est une longue histoire. Je l'ai connu lors d'un stage avec Renault. J'étais encore amateur, lui néo-professionnel. Champion de France juniors, je vivais mon rêve. Greg, lui, avait gagné quelques courses, dont le Circuit de la Sarthe et il était devenu champion du monde des juniors en 1979 à Buenos Aires, en Argentine. Cyrille Guimard décide de me mettre en chambre avec lui. Ils ont dû se dire : « Si comme l'an dernier l'Américain est toujours aussi bordélique et met ses fringues partout, on va lui refiler l'autre jeune, le petit Barteau. Il va fermer sa gueule et ils vont passer quinze jours ensemble sans moufter. »

Nous nous retrouvons en stage à Opio, dans les Alpes-Maritimes. Un soir, j'accompagne Guimard à sa demande pour aller chercher LeMond à l'aéroport de Nice, à une trentaine de kilomètres. On l'attend au pied des escalators. Et là surgit un type en pantalon patte d'eph et chapeau de cow-boy, santiags aux pieds. Il baragouine le français mais le comprend très bien. Tant mieux car mon anglais est nul. Nous sommes donc dans la même chambre. Et on s'entend tout de suite très bien. Greg dort la fenêtre ouverte, ce qui ne me dérange nullement. C'est vrai qu'il est bordélique. Mais moi aussi... Les séances d'entraînement sont intenses, souvent 200 bornes. Pourtant, du moins au début, Greg, qui est en bout de table, en face de moi, mange peu voire pas du tout. De quoi faire réagir Bernard Hinault, qui marmonne dans sa barbe : « Putain, l'Américain, s'il ne bouffe pas, demain je vais lui faire sauter sa caisse à l'entraînement. »

Hinault avait envie de l'asticoter, de le pousser dans ses retranchements.

Je pensais que Greg se privait de nourriture afin de surveiller son poids. Pas du tout, c'est juste qu'il n'aimait pas la bouffe proposée, ce qu'il a fini par me dire. En attendant, il refusait les assiettes, mangeait juste un peu des entrées. Sa bouffe *made in US* lui manquait. Je suis finalement un soir allé en cuisine demander à ce qu'on lui prépare un hamburger. Et là il s'est mis à manger. Quand Greg a faim, la nuit, on redescend discrètement dans les cuisines. Je m'occupe de lui, je le bichonne. Au bout de dix jours, alors que le stage approche de sa fin, il me dit : « Toi, gentil. Moi vais te payer restaurant chinois. »

Greg, pour me remercier, souhaite donc m'inviter dehors. Il demande l'autorisation à Guimard. Qui accepte, précisant toutefois : « OK, mais ne rentrez pas tard ! »

Pfff, tu parles... On est partis manger chinois en ville à bord de la Renault 25 de l'équipe, avec sur la galerie l'équipement pour poser les vélos. Qu'est-ce qu'on s'est gavés au restaurant. Sûr qu'on est rentrés tard et pas très frais. Notre véritable amitié est partie de là.

10

Un ange mais avec un sacré caractère

Greg, et je l'ai constaté d'emblée, est un gars super cool. En revanche, il ne faut pas trop le chauffer. J'en ai fait l'expérience lors d'un autre stage avec lui, où l'on a vite retrouvé nos habitudes, continuant de laisser la chambre en bordel, avec la fenêtre ouverte la nuit.

Ce jour-là, il est remonté comme un coucou. Une fenêtre de notre chambre d'hôtel fonctionne mal. Greg appelle la réception pour que l'on envoie quelqu'un vérifier. Et là déboule un gros bonhomme, un balèze, cigare énorme au bec. Greg lui demande gentiment d'éteindre son cigare. Le gars refuse et lui assène, sans ciller : « Ici, c'est moi le patron ! »

Greg ne se laisse pas faire. « Oui, d'accord, c'est vous le patron mais, ici, c'est moi qui paie la chambre ! Alors tu éteins ton cigare ou tu sors. »

Le ton monte. Greg le prend par le colbac et le dégage de la chambre. Le gars a quand même appelé les flics. Finalement, les choses se sont arrangées. Greg, un ange mais avec un sacré caractère.

Nous nous sommes retrouvés quelques mois plus tard, en Grande-Bretagne, à Goodwood, aux championnats du monde sur route. En septembre 1982, en catégorie amateurs, avec le maillot de l'équipe de France sur le dos, j'ai terminé sixième et premier tricolore de l'épreuve. Le lendemain, chez les professionnels, Greg a fini sur la deuxième marche du podium, cinq secondes derrière l'Italien Giuseppe Saronni, et devant Sean Kelly. Et, l'année suivante, mon ami Gregory James LeMond, dit Greg LeMond, est devenu le premier Américain champion du monde. Un sacre à Altenrhein, en Suisse, devant Adrie van der Poel et Stephen Roche. Il avait tout juste 22 ans…

11

Sur son porte-bagages chez PDM

« Vincent fera toutes les courses auxquelles je participe. J'ai confiance en lui. » C'est l'argument déployé par Greg LeMond pour convaincre l'équipe néerlandaise PDM de m'engager. Nous quittons ensemble Toshiba-La Vie claire de Bernard Tapie pour PDM et son maillot aux trois bandes rouge, verte, bleue. Un contrat de deux ans nous attend. Le plus avantageux financièrement que j'aie jamais signé. Ce qui n'était pas prévu, naturellement, c'est que Greg soit victime d'un terrible accident de chasse en avril 1987 alors qu'il trône au sommet du cyclisme mondial. Sa guérison sera longue et difficile. À force de courage et d'abnégation, il reprend la compétition cinq mois plus tard mais, c'est bien légitime, hors de forme et musculairement amoindri. Le contrat avec PDM, signé bien avant, démarre en 1988. Et ça commence mal : une chute au GP E3-Harelbeke, en Belgique, provoque une inflammation du tibia. Au Giro, il abandonne rapidement. Et, souffrant toujours au tibia, il doit, comme l'année précédente, déclarer forfait pour le Tour de France. Autant dire que Greg ne court pas ou peu en cette année 1988. Et donc moi non plus…

Je dois à Greg de m'avoir imposé chez PDM. Il m'a emmené dans ses bagages. Sur son porte-bagages, même ! Je connaissais un creux. Je m'interrogeais même pour savoir si j'allais continuer ma carrière. Je n'ai pas fait une bonne année chez PDM. Perturbé par la santé de Greg et avec une équipe ne me faisant pas confiance, d'autant que je ne devais m'aligner qu'aux courses auxquelles il prenait part. L'équipe n'avait pas forcément besoin de moi, il y avait du costaud : Steven Rooks, Gert-Jan Theunisse, Adrie van der Poel, Dag Erik Pedersen, etc. Je n'ai pas, comme Greg, disputé le Tour de France. Mais, peu avant, je me suis bien illustré lors du championnat de France. Guimard a constaté que je savais encore faire le métier. Laurent Fignon a pu mesurer que je pourrais l'aider et l'a encouragé à me reprendre. Nous n'avons pas regretté notre choix avec Greg : en 1989, il remporte le Tour de France avec la petite équipe belge ADR et je décroche l'étape entre Montpellier et Marseille le 14 juillet sous les couleurs de Super U. J'ai prouvé que je n'étais pas usé. En plus, PDM a été correct et m'a payé mes deux années de contrat…

BERNARD HINAULT

12

Le Blaireau pris en flagrant délit

Le 3 juillet 1984, lors de la cinquième étape du Tour de France, entre Béthune et Cergy-Pontoise, je m'empare du Maillot Jaune. Avec Maurice Le Guilloux, équipier de Bernard Hinault chez La Vie claire, et le Portugais Paulo Ferreira, on arrive avec une avance de 17 minutes 41 secondes. J'ai 22 ans, je suis encore un gamin, je participe à mon premier Tour, je suis dans l'inconnu. Je voulais gagner l'étape et lever les bras. Malgré cette déception, je me console avec le Maillot Jaune, même si je n'en mesure pas tout de suite la portée. En fin d'après-midi, après le protocole et les obligations médiatiques, je peux enfin me poser et me faire masser tranquillement. J'ai le transistor collé aux oreilles, je navigue de station de radio en station de radio. Je zappe de RTL à Europe 1 quand j'entends Bernard Hinault, interrogé sur mon échappée du jour, ma large avance et ma capacité à conserver ma tunique, lancer en gros : « Ouais, mais non, ce n'est pas un problème. D'abord Barteau n'est pas un grimpeur et, en plus, il n'est même pas certain qu'il finisse le Tour. »

Mon sang ne fait qu'un tour, justement. Peu importe l'immense champion qu'il est, je suis piqué au vif. Vexé et énervé. Face au Breton, je ne compte pas me démonter et d'ailleurs, en m'adressant à lui, sans agressivité mais fermeté, j'utiliserai son surnom. Ce Blaireau, qui lui sied parce que, a-t-il expliqué un jour, « c'est un animal agressif et ceux qui le chassent, souvent, s'en rappellent quand ils se font croquer par le blaireau ». Mais Blaireau ou pas, il va m'entendre.

Le lendemain, au moment du départ, je me pointe devant lui. Je ne me décrotte pas.

« Hé, dis donc, mon Blaireau, qu'est-ce que tu es allé raconter ? Je ne suis pas un grimpeur, peut-être, là on est d'accord. Mais te permettre d'assurer que je ne vais pas finir le Tour et arriver à Paris... Tu ferais mieux de t'occuper d'abord de savoir si toi tu vas le gagner le Tour... »

La rivalité était forte avec Laurent Fignon, mon coéquipier, vainqueur l'année précédente. Hinault botte en touche. « Mais non, Vincent, je n'ai pas dit ça ! » Et là, aussi sec, je lui renvoie : « Bah si. Attends, je t'ai écouté... »

13

En chambre avec lui, je me fais tout petit

Excepté mon père, je n'ai jamais eu vraiment d'idole. Mais bon, quand même, Bernard Hinault, ça représentait quelque chose. Son palmarès XXL, son charisme. Avant qu'il ne soit en conflit avec Cyrille Guimard – j'allais dire : comme tout le monde un jour ou l'autre – et file rejoindre une formation sur mesure, La Vie claire avec Bernard Tapie, j'ai été son coéquipier chez Renault-Elf-Gitane. J'ai même eu l'honneur de partager sa chambre. Et, croyez-moi, je n'en menais pas large. La scène se déroule en janvier à Rambouillet. Je suis champion de France juniors et Guimard me prend en stage avec son équipe. Le rendez-vous est fixé directement à l'hôtel. Mon père me dépose en voiture et me laisse sur le parking du rassemblement.

Je me dirige vers le hall d'entrée de l'établissement en tirant ma valise. Sur une porte, je vois scotché un poster de l'équipe avec, à côté de la tête de chaque coureur, son numéro de chambre. Et je découvre que Hinault et Barteau sont dans la même. Hinault avec Barteau, ce n'est pas possible, il doit y avoir une erreur. En fait, non. Pas d'erreur. Je suis bien en chambre avec le déjà double vainqueur du Tour de France. Un coureur qui, en cette année 1980 venant de s'achever, s'est imposé dans des conditions dantesques sur Liège-Bastogne-Liège, a raflé le Tour d'Italie et s'est emparé du maillot arc-en-ciel à Sallanches en Haute-Savoie. Bref, un monument. Il vient d'être champion du monde, moi, champion de France juniors !

La journée, on pédale. Je l'observe, à l'aise dans le groupe, parlant avec les autres. Je me fais petit. Le soir, dans la chambre, je continue de me faire petit. Il regarde la télévision, parle au téléphone avec les siens. Si j'ai envie d'aller aux toilettes, j'attends qu'il ne soit plus là, de peur que ça ne sente pas la rose ! Quand je prends ma douche, j'essuie la moindre goutte d'eau sur le sol, de crainte qu'il ne glisse ou tombe ! S'il veut regarder la télé et que j'ai envie de dormir, je ne dis rien. Je fais hyper attention. Je ne pose pas trop de questions. Je n'ai pas 20 ans et j'ai le privilège de passer une semaine en stage avec lui. Pas très avenant mais respectueux. Le Blaireau, quand même…

14

Et, revenu à ma hauteur, il me communique les écarts

Lors de ma victoire surprise au Tour de France 1989 à l'étape Montpellier-Marseille le 14 juillet, j'ai bénéficié d'un supporter de choix : Bernard Hinault. Mon ancien coéquipier, quintuple vainqueur de l'épreuve, s'occupe alors des relations publiques et du protocole pour Amaury Sport Organisation, la société organisatrice du Tour. À ce titre, il est installé aux avants postes, dans l'une des voitures de la direction. Dans les derniers kilomètres, après que j'ai accéléré dans la côte de Saint-Antoine, le Blaireau se rapproche. Il n'est pas au volant mais demande au pilote de remonter.

« Vas-y, vas-y, accélère, accélère », lui réclame-t-il. Parvenu presque à ma hauteur, il baisse la fenêtre, sort la tête et me lance : « Allez, Vincent, allez, accroche-toi, tu as trente secondes… »

On aperçoit d'ailleurs Bernard Hinault près de moi sur les images de mon arrivée au Vieux-Port, où je me suis accroché en solo pour m'imposer devant une foule immense. Trois-quatre fois, le Blaireau s'est posé près de moi pour me communiquer les écarts, mon avance sur Jean-Claude Colotti et Martial Gayant. Il était sincèrement content pour moi.

15

Quand le Breton donne le coup de poing

L'épisode m'a marqué. Mars 1984, j'ai 22 ans dans quelques jours, Bernard Hinault, bientôt 30. Il a déjà gagné quatre de ses cinq Tour de France, a raflé deux fois le Tour d'Italie et tout autant le Tour d'Espagne. Il n'est plus dans mon équipe, ayant quitté Renault pour La Vie claire. On dispute la 42e édition de Paris-Nice, plus précisément la 5e étape entre Miramas et La Seyne-sur-Mer, 175 kilomètres. À une vingtaine de bornes de l'arrivée, le déroulement de l'étape est spectaculairement faussé : une manifestation des mineurs de Gardanne et d'ouvriers des chantiers navals de La Ciotat stoppe la course dans l'ascension du col de l'Ange ! Ce bouchon imprévu débouche sur un pugilat, impliquant Bernard Hinault, agacé de se voir barrer le passage et qui tente de passer en force en fonçant dans le tas. Agrippé, poussé, le Blaireau tombe de son vélo, se relève et, comme il n'est pas du genre à se laisser faire, frappe le fautif qui lui a donné les coups afin de se faire justice. Des manifestants réussissent heureusement à vite arrêter la bagarre. Le barrage est levé aussitôt.

« Ce qui s'est passé dans le col de l'Ange est lamentable, révoltant. Pour la première fois, des manifestants ont utilisé la violence face à des sportifs », dira Jacques Anquetil, directeur de la course. Hinault réagit aussi, assurant alors, sans garantir qu'il reprendra le départ le lendemain : « Je suis profondément déçu. Nous aussi, on a des chômeurs. Est-ce que l'on est responsable de l'emploi ? C'est toujours le vélo qui est pris en otage alors qu'il offre le seul spectacle professionnel gratuit. » Hinault terminera finalement sur le podium de Paris-Nice, derrière les deux Irlandais, Sean Kelly et Stephen Roche. Mais chacun garde en mémoire ce coup de poing, ce coup de sang. Moi aussi. J'ai suivi l'étape devant la télévision. J'avais été choqué de voir Hinault se faire tirer les cheveux par-derrière et, surtout, que personne ne lui vienne en aide. J'avais beau être jeune, je suis sûr que je serais venu lui prêter main-forte si j'avais été dans le peloton, et peu importe alors que nous ne soyons dans la même équipe ou pas. Je n'en ai jamais parlé avec lui mais, oui, je l'aurai défendu. J'aurais été solidaire et, confronté à la même situation, je serais allé à la guerre avec lui, pour lui.

Je vous rassure : Hinault est toujours aussi bourru. Mais, depuis qu'il a raccroché, il est nettement plus cool et détendu.

RAYMOND POULIDOR &
JACQUES ANQUETIL

16

Poulidor me pique mes frites

Le Premier Pas Dunlop a longtemps été la principale épreuve française d'importance réservée aux jeunes coureurs. C'est vieux comme Hérode : sa création remonte à 1923. On peut dire qu'il s'agit là de l'ancêtre du championnat de France sur route juniors. La compétition, qui n'existe plus, porte le nom de la marque britannique Dunlop, référence à John Boyd Dunlop qui, en 1888, a inventé le pneumatique à Belfast, en Irlande du Nord. Mon père a participé à cette course prestigieuse en 1945, à Versailles. Il avait seize ans et demi, portait des souliers de ville et un collant de jockey. Trois de ses frères, Georges, Gilles puis Jacky, seront à leur tour au départ de la Finale Pas Dunlop. Je ne suis donc pas le premier de la famille à y participer.

Champion de ma catégorie en Normandie, je prends part à celle de 1980, à Carcassonne. Et, comme un autre Normand avant moi, en l'occurrence le grand Jacques Anquetil, je remporte dans cette même ville, lui en 1952, ce championnat de France. Je m'impose sous le vent dans ce Premier Pas Dunlop, devant 81 coureurs. Charly Mottet termine sur le podium. Nous étions quatre à l'arrivée dans un mouchoir et j'ai réglé le sprint ! Je cours sous les couleurs de l'UVC, l'Union vélocipédique caennaise, même si, pour l'occasion, je porte le maillot frappé du lion normand. Mes parents sont là, avec ma copine Béa, qui allait devenir ma femme. Ils sont venus spécialement de Normandie, mon père a roulé toute la nuit : il y a plus de neuf cents bornes depuis la maison. Mais ils ne se sont pas déplacés pour rien et ont pu savourer ma victoire.

La photo où je lève les bras juste avant la ligne fait la couverture de *La France Cycliste*, la revue officielle de la Fédération française, qui titre : « Un champion normand en Languedoc ». Le maillot tricolore m'est d'ailleurs remis par le président de la FFC, Germain Simon. Je ne résiste pas à l'envie de vous livrer ce passage de l'article de la revue parue en juin 1980 et vendue 7 francs ! « Même si le garçon comptabilise déjà 98 victoires, ce qui représente, reconnaissons-le, un score impressionnant en cinq saisons, c'est-à-dire depuis qu'il est minime, ça ne semble pas lui tourner la tête. C'est peut-être cette habitude du succès qui fit que Barteau accueillit sans émotion la remise du paletot bleu, blanc, rouge. Comme se comportait Anquetil dans ses plus grands moments de gloire. Là s'arrête la comparaison. Physiquement, Barteau n'a rien de commun avec l'ancien champion à l'allure racée. Morphologie équilibrée (1,78 m pour 68 kg), certes, mais style plus énergique que coulé. Son visage pâle est à l'image, traits durs, menton volontaire et tignasse rebelle. »

J'ai avalé les 130 kilomètres de course à près de 39 kilomètres-heure de moyenne. Alors que mes parents et Béa sont déjà repartis vers le pavillon de Giberville, je rentre en train de nuit avec l'équipe de Normandie. Je garde sur moi mon maillot de champion de France. Assis sur la banquette, je suis heureux. Ces couleurs me vont bien ! Je m'allonge un peu, pour essayer de dormir. Dur de trouver le sommeil. Je regarde par la fenêtre, le sourire aux lèvres. Je suis aux anges. Je vis un rêve éveillé donc difficile de dormir ! La veille, déjà, j'avais eu du mal. Dans ma chambre à Carcassonne, je surveillais mon vélo avec son cadre Alan. En effet, de peur qu'on ne me le pique, voire qu'on ne le trafique, j'avais tenu à dormir avec ! Comme ça, en l'ayant dans la chambre, j'étais sûr que personne n'y toucherait. Je parviens finalement à m'assoupir dans le train. À l'arrivée à Caen, j'ai droit à un joli comité d'accueil. Mes parents sont déjà là.

La remise du trophée Premier Pas Dunlop intervient quelques mois plus tard, à Paris, durant l'hiver. C'est Raymond Poulidor qui doit me le remettre, au cours d'une cérémonie suivie d'un déjeuner. Poulidor est déjà une légende, son duel avec Jacques Anquetil appartient au mythe. Mais, comme pour Roger Pingeon ou Roger De Vlaeminck, très grands coureurs eux aussi, ce n'était pas trop ma génération. Ceux qui me faisaient vibrer étaient davantage, pour leur style, Lucien Van Impe, Luis Ocaña, Eddy Merckx ou surtout le Belge Freddy Maertens. Ce mec était capable de redresser la tête comme un coq à trois bornes de l'arrivée, niché dans le peloton, pour voir comment la situation se présentait. Tranquille. Il se planquait et, juste avant la ligne, il surgissait. Et paf, à chaque fois ou presque, il triomphait. En 1977, ce sprinter irrésistible a raflé treize des vingt étapes du Tour d'Espagne !

Pour revenir à Poulidor, je ne l'avais encore jamais rencontré. Lors du repas, la remise des prix déjà déroulée, je me retrouve en face de lui. La discussion s'engage, conviviale. Il me demande la date de ma prochaine course. Je lui réponds qu'elle aura lieu demain, à l'occasion de la finale du maillot des jeunes du contre-la-montre, course réservée aux juniors et aux moins de 25 ans, que je gagnerai l'année suivante. Mais qu'est-ce que je n'avais pas dit là à Poulidor ! Au même moment, le serveur apporte le plat. Je me lèche déjà les babines car j'ai faim : je n'ai rien mangé depuis le matin et mon départ de Caen. Oui, j'ai vraiment la dalle. Je vais me régaler, d'autant que cette entrecôte-frites, elle a l'air bien succulente, juteuse à souhait. L'assiette à peine posée, Poulidor me la reprend d'un geste qui ne souffre pas la contestation.

« Ouh ! là, là, gamin, tu vas garder l'entrecôte mais je vais manger tes frites. C'est plus raisonnable : tu recours demain ! »

Est-ce pour me rendre service ou parce qu'il avait très faim, lui aussi ? Je l'ignore. Toujours est-il que, évidemment, je n'ai rien osé rétorquer. J'étais jeune et impressionné. Et je me suis contenté de ma viande, sans les frites dorées à point...

Durant ma carrière, je croiserais souvent Poulidor sur le Tour de France. Mais je me suis surtout rapproché de lui une fois devenu consultant. Lui était ambassadeur pour la banque LCL. Je l'apercevais souvent le matin en allant chercher les journaux avant les étapes. On se claquait la bise. Lors de ma première expérience sur Europe 1, mon job consistait à animer pendant les trois semaines de course une émission d'après Tour, depuis la zone technique. J'ai reçu de très nombreux invités, comme Christian Prudhomme, le patron de l'épreuve, ou Poulidor. Apparemment, il a gardé un bon souvenir de son passage. Le lendemain matin, je le vois quand on vient chercher les journaux au village départ. Et il balance à tous : « Hé, le petit Barteau, tu verrais comment il est bon, comment il se débrouille bien dans son émission. » Il le répétait à tout le monde, j'étais flatté. Je l'appelais « Mon Poupou ». Nous n'étions pas si nombreux à lui donner du « Mon Poupou ». Il appréciait la façon dont je racontais mes histoires. Il était scotché à chaque fois.

J'ai assisté à ses obsèques, fin 2019, dans son village limousin de Saint-Léonard-de-Noblat. Je suis arrivé la veille, avec des copains. Ma chambre d'hôtel donnait sur l'entrée de l'église où allait avoir lieu l'événement. Le soir de notre arrivée, je débarque au restaurant avec les potes et je tombe sur la famille van der Poel au complet. Il y a là Adrie, le Néerlandais, à qui j'ai chipé le Maillot Jaune sur le Tour de France 1984 ; il ne l'aura conservé qu'une étape. Lauréat du Tour des Flandres, de Liège-Bastogne-Liège ou de l'Amstel Gold Race, il a été mon coéquipier en 1988 chez PDM, bien que nous nous soyons peu croisés car je prenais part seulement aux courses auxquelles s'alignaient Greg LeMond. Adrie m'a vu et il est venu me saluer dans le restaurant. Il était avec sa femme, Corinne, la fille de Raymond Poulidor. Il y avait leurs deux fils : David, qui plus jeune a été champion des Pays-Bas de cyclo-cross juniors avant de passer professionnel, et son cadet Mathieu, accompagné de sa copine. Sur un vélo, Mathieu, c'est la classe à l'état pur. Rien qu'en 2023, il a gagné Milan-San Remo (soixante-deux ans après Poulidor !), Paris-Roubaix, il a été champion du monde et de cyclo-cross et de course en ligne, devant Wout Van Aert et Tadej Pogacar. Après la dernière étape du Tour de France 2023, sur les Champs-Élysées, j'ai pu approcher du bus de son équipe. J'ai fait passer le message par sa famille et il s'est pressé de se changer afin de poser pour une photo avec mon fils Matthis. Il en garde un souvenir d'autant plus fort que Mathieu, qui a été adorable, est son coureur préféré. Remco Evenepoel aussi est élégant sur un vélo. Il est champion du monde du contre-la-montre, double vainqueur de Liège-Bastogne-Liège, a remporté la Vuelta. Encore une histoire de famille : j'ai couru avec son père, Patrick, honorable cycliste belge.

17

Anquetil vole à mon secours

Il est né dans la banlieue de Rouen, à Mont-Saint-Aignan. Il est normand, comme moi. C'est l'un des plus grands cyclistes de l'histoire. Jacques Anquetil pèse cinq Tours de France entre 1957 et 1964, mais aussi deux Tours d'Italie, un Tour d'Espagne, cinq Paris-Nice. Après sa merveilleuse carrière, il a notamment été directeur de course de Paris-Nice et du Tour méditerranéen. C'est au cours de cette dernière épreuve que je l'ai brièvement côtoyé. La scène se déroule près du mont Faron, une ascension qui offre un magnifique panorama sur la mer. Du haut de ses 584 mètres d'altitude, le mont Faron surplombe Toulon et sa rade. La route présente des pentes sévères, qui peuvent être supérieures à 8 %, pour une bande de 5,5 kilomètres parsemée de lacets. Alors qu'on roule à Toulon vers le mont Faron, des voitures de l'organisation nous gênent. En réalité, elles suivaient une échappée mais, alors qu'avec le peloton nous revenions sur celle-ci, les voitures n'avaient pas pu la doubler, si bien qu'elles nous bloquaient. Elles se sont tassées comme elles ont pu afin de nous laisser passer tandis que nous arrivions à fond. Cela a créé une sorte de bouchon au pied du mont Faron, très étroit.

Pour déconner, fidèle à ma nature, j'ai fait de petites rétro-poussettes. C'est-à-dire que, avec mon bras, je me suis relancé en m'appuyant sur les voitures qui passaient. Une façon de me donner de l'élan, pour sourire, car ça n'allait pas pisser bien loin. Je sais bien que c'est interdit mais, sur le moment, puisque nous étions pris en étau, je trouvais la chose amusante. Un commissaire m'a vu faire – je ne me cachais pas – et il a voulu m'exclure de la course. C'est ce qu'il a demandé, le soir, lors du débriefing de la journée de course, le consignant dans le rapport sur les incidents du jour. En me rapportant ce qui était réclamé, mon directeur sportif m'a indiqué que Jacques Anquetil avait alors pris ma défense. « Cela vous apprendra à ne pas avoir fait évacuer les voitures avant. Ce sont elles, les fautives. Alors vous ne déclassez pas Vincent Barteau », a-t-il lancé aux commissaires.

Et j'ai ainsi pu, grâce à Anquetil, terminer le Tour méditerranéen. Le lendemain, avant le départ de l'étape, je suis allé le remercier de m'avoir soutenu.

PRIME JEUNESSE

18

Mon premier vélo, waouh, un Gitane !

C'est un cadeau précieux, inestimable, qui ne s'oublie pas. Mon premier vélo. Qu'est-ce qu'il est magnifique. Il s'agit d'un cadeau de mon père. J'ai un peu défloré la surprise, malgré moi. Je rentrais de colonie de vacances. Nous étions à pied avec le reste de la troupe quand, sur le chemin par lequel nous revenions tous ensemble, nous sommes passés devant la maison. Du coup, j'ai demandé à pouvoir rentrer directement sans emprunter la case école. Permission accordée. Je suis donc retourné chez moi un peu plus tôt que prévu. Il n'y avait personne à la maison. Et, dans un couloir, je le vois. Waouh ! Putain, qu'il est beau...

Mon père n'a pas eu le temps de le cacher. Ce vélo brille tellement. Une jolie pièce, de la marque Gitane, avec des roues simples et des sangles de serrage. Je suis ému, touché, fier. Il a dû le payer cher alors qu'il n'a pas trop les moyens. Mais il s'est débrouillé pour l'acheter et me faire plaisir. Pour sûr, ça vaut de l'argent. Mon père n'a pas eu le temps de le planquer mais ça ne gomme pas le plaisir. Pour marquer le coup, il a aussi acheté des gants et des chaussures. Sentir l'odeur des gants et des chaussures : quel régal ! Si j'avais pu dormir avec ce vélo, croyez-moi, je l'aurais fait...

19

Un contre-la-montre par équipes en guise de premier passage

Je me souviens de l'endroit exact où je me trouvais, sur quelle côte j'étais, quand, pour la première fois, j'ai vu le Tour de France défiler sous mes yeux. C'était à l'été 1978, j'avais 16 ans. J'étais venu avec mon père, naturellement. Il s'agissait du contre-la-montre par équipes entre Évreux et Caen, long de 153 kilomètres. J'étais impressionné par la stature des athlètes, par leur musculature. Je suivais notamment Lucien Van Impe, vainqueur de l'épreuve en 1976, pour son style fluide et offensif. Oui, il était beau à voir, sans déhanchement d'épaule. Il y avait également dans le peloton le régional de l'étape, Raymond Martin, un coureur normand, né dans l'Orne, qui finira sur le podium et meilleur grimpeur en 1980. Il deviendra mon ami. Cette édition 1978 à laquelle j'assiste verra la victoire de Bernard Hinault dès sa première participation. Le Blaireau y décroche en sus trois étapes. Lors du contre-la-montre par équipes dont je suis le frétillant spectateur, c'est Jacques Bossis, coéquipier d'Hinault chez Renault-Gitane, qui porte le Jaune. Ce sera la seule fois de sa vie. Jacques deviendra lui aussi un ami et il sera mon pilote lorsque je serai chargé des relations publiques pour Vittel sur le Tour.

L'étape en question est remportée par la formation hollandaise Ti-Raleigh-Mc Gregor. Dans l'épreuve, on compte six coureurs par équipe. J'étais au bord de la route, je suis resté debout à les encourager. Je me suis régalé à observer les coureurs passer par la côte de Fontenay-le-Marmion, qui plus est ville natale de ma future femme et mère de mes deux premiers enfants. L'arrivée avait lieu à Caen sur l'hippodrome de la Prairie et sa piste cendrée. J'ai aimé ma première en vraie ! Nous étions venus de chez nous, Giberville, pour nous positionner à Fontenay-le-Marmion et sa côte. Je l'arpenterais ensuite très souvent pour m'entraîner afin d'en faire une boucle de 40 kilomètres avec ses dénivelés, ses montées et ses descentes. Cette boucle, il pouvait m'arriver, une fois passé professionnel, de la faire quatre fois dans la journée, soit presque deux cents bornes jusqu'au retour à Giberville. J'y ai plus tard emmené Charly Mottet. Il est passé pro en même temps que moi, et nous partirons même en vacances ensemble. Charly a pu tester le décor. « Putain, on n'arrête pas d'enchaîner petit plateau et grand plateau », râlait-il. Charly, deuxième du Tour d'Italie 1990 et au pied du podium du Tour de France à deux reprises, c'est un gars de la montagne, un Drômois installé en Haute-Savoie. Croyez-moi, il n'a pas oublié cette boucle de 40 kilomètres !

20

Du Mercurochrome sur les coudes et les genoux

Quand j'ai eu mon tout premier vélo, un Gitane bleu – je l'ai d'ailleurs conservé à la cave, il est dans son jus, et mon petit-fils Oscar en profite pour l'utiliser quand il vient en vacances chez nous –, je l'ai sacrément bichonné. Et souvent enfourché pour faire le tour du pâté de maisons, ce qui me faisait bien deux kilomètres. Que l'on refaisait et refaisait. Avec un copain, qui habitait juste à côté, on enchaînait les courses et on se tirait la bourre. Je me prenais au jeu, j'étais à fond dans le trip. J'étais en tenue de cycliste, avec le collant, le maillot que les parents avaient acheté, le dossard de mon frère Jean-Jacques. À l'arrivée virtuelle, je levais les bras en imaginant une victoire. Je devais avoir huit-neuf ans. Je pédalais tout le temps, y compris à la tombée de la nuit alors que je n'avais pas de lumière. Les voitures circulaient et cela aurait pu être dangereux. Ma mère me demandait d'être prudent. Je fonçais, peu importe l'heure, peu importe le temps. J'étais tellement heureux. Avec mon pote, l'un de nos jeux favoris consistait à faire le mec qui gagne la course mais chute. Alors je tombais par terre, j'improvisais des chutes. Bref, j'en rajoutais des caisses. Mon pote sortait le Polaroïd et me prenait en photo à terre. Pour que ce soit plus crédible sur le cliché, je m'étalais du Mercurochrome sur les coudes et les genoux. De chouettes souvenirs.

21

Devant une championne du monde au sprint

Le Tour de France Femmes a été relancé en 2022, succédant au Tour de France féminin, disputé entre 1984 et 1989. C'est une bonne chose qu'une épreuve leur soit réservée. J'ai déjà couru avec une femme. Ou plutôt contre une femme. Et pas n'importe laquelle : Geneviève Gambillon, double championne du monde sur route, à Gap en 1972 et à Montréal deux ans plus tard. Elle a aussi été, à de multiples reprises, championne de France. À l'été 1977, je suis chez les cadets, j'ai 15 ans. Et je gagne presque toutes les courses. Je suis à chaque fois le favori. Un dimanche après-midi de juillet, sous un grand soleil, c'est l'heure du Grand Prix de Saint-Sylvain, un petit village du Calvados. Sept tours de circuit à faire. Geneviève Gambillon, une Normande comme moi, est la seule femme au départ, avec Maryline Lemée. Le public est nombreux.

L'attraction, c'est Gambillon. Elle a 26 ans. Nous sommes 45 cadets sur la ligne. Personne ne se détache. L'arrivée se juge au sprint. Je le lance de loin, elle seule reste dans ma roue, sans jamais pouvoir me rejoindre. Je voulais pourtant la laisser gagner, par respect pour ce qu'elle a réalisé dans sa carrière. J'ai fait mon sprint, je n'ai pas forcé mais je veillais aussi, c'est normal, à ce qu'on ne me double pas. Et je me suis imposé. Geneviève termine à la deuxième place. C'était la Jeannie Longo de l'époque. Mes parents ont gardé les coupures de presse. On peut y lire : « Seulement, on a beau être galant dans les pelotons (mais oui), pas question de faire de cadeaux à une "coureuse", fût-elle Geneviève Gambillon. Pourtant il n'y en eut qu'un à franchir la ligne avant "La Gambille", c'était… l'inévitable Barteau. Sacré Vincent. »

22

« Je sortirai avec toi quand tu feras le Tour ! »

Jean-François Romy, pendant plus trente ans, a été le maire de Giberville, près de Caen. Il a été aussi, dans une autre vie, mon professeur au collège, à Giberville. Il savait que j'aimais le vélo, que je venais au collège avec. Un jour, il m'a demandé de l'amener en classe. Pour parler de ma passion, la partager, pour faire comprendre ses bienfaits, ses atouts ou l'envers du décor aux autres élèves, par exemple à ceux qui parfois se moquaient quand j'arrivais en cours tout trempé. Alors, gestes à l'appui, j'ai déroulé mon exposé, expliqué pourquoi les cocottes – les couvertures qui enrobent les leviers – sont comme ça, combien il y a de rayons à une roue, l'endroit où se trouvent les vitesses, etc. M. Romy m'a chambré en lançant : « Vincent vient à vélo au collège car monsieur lit son journal avant de partir et loupe le bus. »

Je lui avais assuré que j'étais capable de lire *Ouest-France* sur mon vélo, tout en faisant du surplace en jouant avec les pédales. J'ai relevé le défi devant toute la classe. Je suis toujours capable de le faire et avec *Ouest-France*, que je continue de dévorer chaque matin !

Ainsi, tous les élèves savaient que j'étais un fou de vélo. La vérité oblige à dire que je venais aussi à vélo à l'école, à 8 kilomètres de la maison, parce que je m'étais fait virer du bus. Déjà, je le ratais souvent car avant de partir j'avais besoin de lire *Ouest-France*, auquel mes parents étaient abonnés, et que tous les articles me captivaient. Et le bus était parti quand j'arrivais devant l'arrêt. Ensuite, lorsque j'étais dedans, je faisais le con, pour amuser la galerie. On ne se refait pas ! J'étais installé à l'avant et quand quelqu'un montait, je balançais une connerie. Puis, quand le bus démarrait, je m'installais au fond et je déconnais avec les potes. Je dragouillais aussi un peu. Au bout d'un moment, le chauffeur en a eu marre et m'a exclu du bus. Obligé d'y aller à vélo. Parfois je rattrapais et dépassais le bus tandis que les potes me faisaient des grimaces. Ils me chambraient mais je mettais un point d'honneur à ne pas mettre le pied par terre lorsque le feu était rouge et au stop, tout en faisant gaffe bien sûr, si bien que j'arrivais régulièrement avant le bus, obligé, lui, de s'arrêter pour prendre et déposer les passagers. Cela me faisait un bon entraînement ! Ma mère n'était pas très contente car il m'arrivait de rouler à la nuit tombée et je n'avais pas de lumière.

Parmi les filles que je dragouillais, une élève de ma classe. Ce n'était pas forcément la plus belle du collège mais je la trouvais mignonne. J'avais clairement envie de sortir avec elle. Alors, peu après mon exposé en cours, j'ai tenté ma chance. Sa réponse : « Écoute, moi je veux bien sortir avec toi mais seulement le jour où tu feras le Tour de France ! »

Je devais avoir 15 ans. Je ne suis jamais sorti avec elle. Mais elle ne croyait pas si bien dire pour la tunique jaune ! Le plus cocasse est que je l'ai recroisée quelques années plus tard. Après la folie du Tour 1984, j'ai été fait citoyen d'honneur de Giberville, avec promenade en voiture, réception à la mairie, vin d'honneur. Elle était là. Mariée, avec des gosses. Je l'avais perdue de vue. On s'est remémoré l'anecdote et on en a souri.

23

320 bornes à 16 ans, sur un coup de tête : la folle expédition nantaise

Ma grand-mère paternelle habitait Nantes. J'y ai passé de fréquents séjours, des vacances aussi. C'est situé à plus de trois cents kilomètres de Giberville, où nous habitions. Pas si loin mais pas la porte à côté non plus, surtout à vélo ! Ce périple, je l'ai fait. Une seule fois. Tout seul, comme un grand. Et cet épisode m'a marqué. Je cours alors en cadets deuxième année, je porte les couleurs de l'UV Caen. J'avais en tête ce que mon père avait prétendu un jour à table à mes deux frangins et moi : « Celui qui arrivera à faire Caen-Nantes ou Nantes-Caen à vélo, eh bien croyez-moi, il sera un jour champion de France. »

Ce n'était pas tombé dans l'oreille d'un sourd. Quelques mois plus tard, je dois participer à une course le dimanche matin à Mauves-sur-Loire, près de Nantes. Il est prévu que mon père m'accompagne là-bas en milieu de semaine et que l'on en profite pour passer quelques jours chez la grand-mère. Mais à table, je ne sais même plus à propos de quel sujet, je m'engueule avec mon père.

Bravache, je lui lance : « Je n'ai pas besoin de toi demain pour aller à Nantes. Je vais me démerder tout seul. » C'est acté dans ma tête. Je me prépare à partir le lendemain matin. En attendant, je mets de bonnes piles dans le transistor, que j'accroche à mon guidon avec un tendeur. Dans mon sac à dos, j'enfile des vêtements de rechange et des affaires de toilette. Je prends aussi un peu d'argent de poche, que je glisse dans le maillot. Tout est prêt. La nuit est courte. Je me réveille à 6 heures du matin, toujours décidé à rallier Nantes en solo et à vélo. Je prends mon petit-déjeuner dans la cuisine, mon père dort encore. En croquant dans ma tartine surgit ma mère en robe de chambre.

« Mais qu'est-ce que tu fais ? interroge-t-elle.

– Comme je t'ai dit, je vais à Nantes pour voir la grand-mère. »

Ma pauvre mère se met à pleurer. Mais pas de quoi me freiner. Je descends à la cave, je décroche mon vélo, paré à décoller. Ma mère me rattrape et me demande de lui confier mon sac à dos. « Laisse-le ici, Pépère va te l'amener demain. » Pépère, c'est mon père. J'accepte bien volontiers car le sac est lourd et j'ai de la route.

Et me voilà donc parti, à 8 heures du matin. Sur la table de la cuisine, je laisse un petit mot : « Bonjour à tous, ne me cherchez pas, je suis parti pour Nantes. À mon arrivée je t'appelle Maman... d'Amour. »

Il n'y a pas encore l'autoroute pour rallier Caen à Nantes. Que de la départementale ! Et les camions qui me frôlent. Je sens la tôle tout près, encore plus quand il y a du vent. Je pédale, je pédale, sérieux, appliqué, faisant fi des éléments. Je n'ai pas peur. Je suis volontaire et déterminé. Je m'accroche. Mon père a bien rallié Nantes à Caen à vélo, afin d'apporter sa bague de fiançailles à sa future femme. Je ne mesure pas les conséquences de mon geste. C'est fou, quand j'y repense. Si mon gamin, à 16 ans, m'avait asséné qu'il allait se rendre de Caen à Nantes à vélo, je ne l'aurais jamais laissé partir. Autre époque, autres mœurs.

Je poursuis ma route, sans trembler. Le transistor à fond, des chansons françaises qui résonnent en boucle. Les villes défilent depuis Giberville : Caen, Thury-Harcourt, Clécy, Condé-sur-Noireau, Flers, Domfront, Mayenne, Laval, Craon, Renazé, la terre des frères Madiot, Châteaubriant, Nort-sur-Erdre, Carquefou et arrivée à Nantes, rue du cardinal Richard, où mon père a grandi.

Je m'arrête environ tous les cinquante kilomètres, pour une courte pause ou un détour par la boulangerie, histoire de prendre un gâteau ou un sandwich, de reprendre des forces. Sinon, je roule, je roule, je roule. Le temps est idéal, la météo favorable. Heureusement. Cela reste toute de même dangereux. Quand j'en ai marre de la musique du transistor, je mets Menie Grégoire pour son émission *Allô, Menie*, où la célèbre voix de RTL répond en direct à des appels d'auditeurs pour des questions en tous genres. Je n'entends pas tout, à cause de la circulation et du bruit des camions. Les piles du transistor sont aussi solides que moi et fonctionnent à merveille toute la journée.

Près de Châteaubriant, je suis saisi d'une fringale. Je viens de voir qu'il reste encore une soixantaine de kilomètres. Je ne tiendrai pas. Je reviens sur mes pas et fais demi-tour dans le village que je viens de traverser pour me poser dans le bar que j'ai aperçu. Je pose mon vélo contre l'établissement. Je n'ai évidemment pas de cadenas : il n'y en avait pas besoin, c'était le bon temps ! Lorsque je pénètre à l'intérieur, avec ma tenue de cycliste et mon visage baigné de sueur, je sens tous les regards tournés vers moi. Les clients de l'établissement : des agriculteurs, des routiers, béret sur le crâne, la clope au bec, Ricard à la main. Il doit être 4 ou 5 heures de l'après-midi. Ils me dévisagent sans rien dire, je commande un sandwich et un Perrier. Le proprio va me préparer mon casse-dalle dans un épais pain breton, il ajoute des cornichons. Je le dévore à toute vitesse, bois mon Perrier. Tout le monde continue de me regarder. Je paye et je repars. Totalement requinqué. J'en avais besoin.

Je sens que la fin va être longue et dure. Je m'accroche, je continue de rouler à bon rythme. Et, autour de 20 heures, j'arrive à Nantes, chez ma grand-mère. Ouf, juste avant que la nuit tombe. Ma tante est là, elle aussi. Je ne suis pas sûr qu'ils soient au courant de ma venue. En me découvrant, elle me demande :

« Ouh ! là, là, Vincent, mais il est où Riri ? (Riri, le surnom de mon père, qui s'appelait Henri).

– Laisse tomber Riri, il n'est pas encore parti ! »

Et je lui réclame une faveur : me faire couler un bain parce que j'ai mal au cul.

Qu'est-ce qu'il est chaud et précieux, ce bain. Elle prévient ma mère que je suis arrivé à bon port. Mon père a déboulé le lendemain, comme prévu. Il ne m'a pas félicité. Trop orgueilleux. Au lieu de ça, sans doute un peu vexé, il m'a assuré : « Ah ! je suis sûr que tu es monté dans un camion pour faire le trajet. »

Il ne me croyait pas. Mais, au fond de lui, il savait que je l'avais fait. Que j'avais réussi. Tout plutôt que d'admettre que j'avais relevé son défi ! Le matin de mon départ, lorsque mon père s'est levé et que ma mère lui a annoncé que j'étais déjà parti, il a dû être triste et malheureux. Il a aussi sans doute eu peur qu'il m'arrive quelque chose sur le chemin. En tout cas, il n'a pas pris sa bagnole pour essayer de me rattraper. Il savait que je connaissais la route par cœur, que je n'avais pas besoin de carte pour me guider. À l'époque, pas d'autoroute, ni de GPS, ni de téléphone portable. J'ai suivi la route, uniquement la départementale. Cela montait et descendait sans cesse. Ce trajet, je le faisais souvent dans la Dauphine de mon père lorsqu'on allait rendre visite à sa mère ou qu'on allait voir son frère Jacky courir.

Le dimanche, quatre jours après ma virée nantaise, place à l'épreuve de Mauves-sur-Loire, à vingt bornes de Nantes. Ma course en cadets se déroule le matin. La veille, le journal local avait annoncé l'événement et évoqué les deux favoris : l'ogre normand, en l'occurrence moi, et celui de Bretagne, Yvon Madiot. Je savais qu'il était costaud, lui aussi connaissait ma réputation. Il y a environ 70 kilomètres à parcourir. Nous sommes une soixantaine de prétendants. Le maire de la ville donne le départ en baissant le drapeau. Et c'est parti. Vite, très vite. Dès le départ, j'attaque. Je sprinte et je me barre. Les autres me laissent filer. Je devine ce qu'ils se disent, et je les comprends : « Le mec, il est fou, il y a 70 kilomètres et il part à fond les ballons. Il va s'épuiser, il ne va pas tenir. » Sauf que. Sauf que, dans ma tête, je pense : « Les cons, mercredi, je me suis tapé 320 bornes tout seul, alors ce ne sont pas les 70 d'aujourd'hui qui vont me déranger. Ne vous inquiétez pas pour moi… » Et j'ai tenu bon. J'en avais la certitude. Ah ! certes à un moment ils ont été proches de me rattraper, ils sont même revenus à vingt secondes dans un petit village mais je n'ai pas vacillé. Et j'ai gagné la course avec, au final, près de trois minutes d'avance ! J'ai fait la course en tête du début à la fin.

Mon père avait raison en prophétisant « celui qui fera Caen-Nantes à vélo sera champion de France ». Je l'ai été en juniors, en 1980, à Carcassonne.

Jamais je n'ai roulé autant que ce jour où je me suis rendu tout seul de Giberville à Nantes. Des 240, 250 ou 260 kilomètres, parfois, pour des entraînements, mais jamais 300. Excepté une fois lors d'un entraînement à Font-Romeu avant le Tour de France avec certains coureurs de l'équipe Renault, mais parce qu'un col était fermé et nous a obligés à faire un détour. Et une autre fois, en 1984, lors d'une étape du Tour de France d'une folle longueur, on s'est tapé 321 kilomètres, entre Crans-Montana, en Suisse, et Villefranche-en-Beaujolais. Le Belge Frank Hoste avait réglé le sprint après neuf heures de course ! Et encore, aux 321 kilomètres on peut ajouter les 15-20 kilomètres du départ fictif.

24

J'ai dit stop à l'école, en plein cours, pour aller rouler

Je n'ai jamais été fait pour l'école. Je n'étais pas un mec fabriqué pour ça. J'y allais, il fallait bien, mais je me faisais chier... En attendant que sonne la fin des cours, j'y vais chaque jour mais je rate parfois le début : mes parents sont abonnés à *Ouest-France*, livré tous les matins à la maison, et je ne pars pas tant que je n'ai pas tout lu ! *Ouest-France* est ma bible, tant pis pour le bus que je rate, et le début des cours avec. Quand je suis en catégorie cadets, continuant de gagner la plupart des courses cyclistes auxquelles je participe, j'étudie à Caen au lycée technique Laplace. Du nom du mathématicien, astronome, physicien et homme politique Pierre-Simon de Laplace, né pas très loin, à Beaumont-en-Auge. Les journées sont longues. Je pars tôt de la maison, je rentre après 18 heures. Le midi, après la cantine, pour m'aérer la tête, je sors prendre un café avec les potes dans un bar en face du lycée. De là, toutes les demi-heures, je vois passer le bus 14, celui qui me ramène à la maison. « Oh ! putain, si je pouvais monter dedans », me dis-je en levant ma tasse de café. Un jour, je le sais, je le sens, je vais le prendre pour ne plus revenir...

Mon avenir professionnel ? Il est envisagé que je passe un CAP chauffagiste-plomberie. Autant dire que cela ne me transporte pas. J'ai la désagréable impression de perdre mon temps à l'école. Je préfère pédaler.

En classe, j'occupe toujours la même place. Au fond, près de la fenêtre. Je passe beaucoup de temps à regarder dehors, pour m'évader, pour rêvasser. Surtout ce jour-là. Il fait beau, la fenêtre est ouverte, je respire à plein nez l'odeur de l'herbe fraîchement coupée. J'entends le bruit de la tondeuse du mec en bas. Je serais tellement mieux à me rouler dedans qu'à me concentrer. Pas un bruit ne règne dans la classe. L'ambiance est studieuse. En ce début d'après-midi, interro écrite de français pour tout le monde. J'ai l'esprit ailleurs. J'ai envie de partir, de toucher le gazon tout juste tondu, de marcher. J'ai envie, plus que jamais, de monter dans le bus et de rentrer chez moi.

L'envie devient irrépressible. C'est plus fort que moi : je me lève, le bruit de la chaise qui frotte sur le sol brisant le silence. Je range mon cartable. Je traverse la salle, pour partir. Rien n'est prémédité mais c'était dans l'air. Alors que j'arrive au niveau de la porte, la professeure, stupéfaite, demande :

« Monsieur Barteau, vous allez où ?

– Je rentre chez moi, madame !

– Monsieur Barteau, vous le regretterez ! Il ne faut pas faire ça. »

Peut-être. Mais trop tard. Je ne recule pas. Je sors, ferme la porte, traverse la cour et quitte le lycée. Je me plante devant l'arrêt de bus pour rentrer à la maison. Ce fameux bus de la ligne 14 qui va bientôt arriver. Je suis chez moi vers les 15 heures. Il n'y a personne. Mes frangins sont occupés, mon père est à l'usine, ma mère au restaurant dont elle assure le service. Je n'ai qu'une hâte : prendre mon vélo.

Sitôt arrivé, je l'enfourche et je pars rouler une cinquantaine de kilomètres. Je suis heureux, au milieu de la nature. J'observe les oiseaux chanter, c'est le bonheur. Je m'arrête, je pisse, je savoure le paysage. Dans ma tête, l'école, c'est fini. Je me barre...

Il est autour de 17 h 30 quand ma sortie à vélo s'achève. Une question me taraude : comment expliquer ma situation au vieux ? Sûr que le daron, il va gueuler. Qu'est-ce que je vais bien pouvoir lui dire ? Il va rentrer du boulot fatigué, il mène une vie à la dure, bosse sans relâche, il a aussi construit tout seul notre maison de ses mains. J'ai 16 ans et il faut, sans qu'il ne s'énerve, que je parvienne à lui faire comprendre que l'école, pour moi, c'est terminé. Je réfléchis à une façon de lui présenter la chose. Je dois préparer le terrain intelligemment. Car en plus, je lui avais promis que je serais champion de Normandie dans quelques semaines.

Avant qu'il ne revienne de l'usine me vient une idée. À lui sortir dès qu'il va arriver, vers 18 heures, car il va être étonné que je sois déjà à la maison. Mon stratagème : entourer ma main d'une bandelette, comme si je m'étais fait une fracture ou une entorse en tombant par terre. J'ai le bras en écharpe. J'entends sa mobylette. Je ne sais pas s'il a bu un coup avec les collègues, comme parfois en sortant de l'usine. Dans ces cas-là, il n'est pas toujours à prendre avec des pincettes. Quand il pénètre dans la maison, il semble bien. Sobre. Il marque un temps d'arrêt en me voyant. « Oh ! qu'est-ce qu'il s'est passé ? Qu'est-ce que tu fais là ? Et ton bras ? »

Je lui explique que je suis tombé dans la cour de l'école. Que ce n'est pas très grave mais que j'ai tout de même le poignet foulé et que je dois passer des examens.

Son premier réflexe est de s'inquiéter... pour mon avenir cycliste immédiat. C'est bon, ça ! « Merde, le championnat de Normandie est dans quinze jours... » Et là, je sors ma main de la bandelette et je tape sur un bout de table. « Tu vois, papa, je touche du bois : je n'ai rien. On va le gagner, ce championnat. Mais je n'ai plus envie d'aller à l'école... »

Il est pris de court. Et là, ça passe. « OK, d'accord ! »

Ma mère n'est pas très chaude pour que j'arrête d'un coup mes études mais elle n'insiste pas. Mon père avait tellement envie que l'on gagne ce championnat de Normandie. Il est allé voir le proviseur, pour lui expliquer la situation et rendre les cahiers à quelques semaines de la fin de l'année scolaire. Je ne suis plus jamais retourné à l'école. Et, pour l'anecdote, j'ai été champion de Normandie. Comme je l'avais promis à mon père.

25

Quinze jours au cachot et mon père en renfort

Le bataillon de Joinville, afin de remplir mes obligations militaires, j'ai eu les boules d'y aller, quand bien même je me suis retrouvé en compagnie d'autres athlètes, réunis à Fontainebleau. J'avais dix-huit ans et demi mais déjà en couple, avec Béa, ma future femme. Et déjà très casanier. J'étais champion de France juniors quand j'ai débarqué comme troufion, à partir d'octobre 1980. J'aurais préféré, tant qu'à faire, me retrouver à l'armée à Caen mais j'ai accepté d'aller au bataillon de Joinville, avec les autres athlètes de haut niveau, pour représenter l'équipe de France militaire. Je dormais dans le bâtiment où étaient réunis les cyclistes, les footballeurs et les boxeurs. J'ai côtoyé José Touré, qui remportera les Jeux olympiques quatre ans plus tard avec l'équipe de France de football à Los Angeles, Daniel Bravo et Bruno Bellone : que des futurs internationaux élégants ballon au pied. Côté boxe, je voisinais avec Freddy Skouma, qui deviendra champion d'Europe des super-welters. Parmi les autres cyclistes, figurait Étienne Néant, qui ne confirmera pas son potentiel et décédera à 42 ans, et Fabien De Vooght, qui disputera un Tour d'Italie et un Tour d'Espagne, courra une saison chez La Vie claire-Terraillon. Il s'est éteint tôt lui aussi, à 38 ans, chez lui, d'une forte absorption de produits pharmaceutiques qui ressemble à un suicide.

Le passage par l'armée n'a pas été évident pour moi, c'est un euphémisme. J'étais parmi les plus jeunes, entouré de sursitaires, qui avaient 22-23 ans. Tous sympas mais une différence d'âge qui compte quand on a 18 ans. J'avais le cafard en prenant le train le dimanche soir de Caen pour rejoindre la caserne vers minuit. Parfois je ne partais que le lundi matin à l'aube, voulant rester jusqu'au bout auprès des miens. Je venais d'avoir mon permis, décroché le 19 mars 1980, le lendemain de ma majorité. Le père m'autorisait à emprunter sa bagnole. Je n'étais pas encore très à l'aise au volant, les GPS n'existaient pas, on se guidait avec les cartes. J'ai vraiment connu de grands moments de solitude et de panique sur l'autoroute pour rallier Fontainebleau, en Seine-et-Marne, notamment sur le périphérique quand je passais par Paris.

Chaque week-end, pour les permissions, je retournais à la maison. La semaine durait une éternité. Je ne me plaisais pas du tout. Surtout, j'ai eu affaire à un colonel qui m'a pris en grippe. Et s'est régalé à m'emmerder. Il faut dire que je faisais des petites conneries. Du coup, il me mettait de garde entre minuit et deux heures du matin, puis entre quatre et six heures du matin. Nous étions en plein hiver et je me caillais en effectuant mes rondes avec mon fusil non chargé, si bien que, en cas d'attaque, je ne pouvais pas me défendre ! Les températures étaient largement négatives à cette heure-là. Les gars de la barrière m'avaient à la bonne et m'autorisaient parfois à passer ma garde au chaud dans la voiture, garée dans le BJ. J'avais un réveil, et quinze minutes avant la relève, je m'extirpais de la bagnole pour reprendre mon poste. Mais un jour, je n'ai pas entendu le réveil sonner. Ils m'ont cherché partout. Le colonel qui m'avait dans le pif m'a mis quinze jours au cachot. La double peine car j'aurais dû partir en stage sur la Côte d'Azur pour un entraînement avec l'équipe de France militaire.

Je me suis retrouvé seul en cellule, enfermé à clé, surveillé par un gardien. Ce fut interminable. Celui qui fermait les portes était, c'est ma chance, un fou de vélo. Il m'autorisait à écouter mon transistor. Parfois, il venait me chercher sur la pointe des pieds et me sortait de la cellule pour regarder la télévision avec lui. Dépité, mon père a contacté le grand chef du bataillon de Joinville afin de plaider ma cause.

« Mon général, a-t-il dit en substance. On ne peut pas laisser mon fils tout seul enfermé. Ce n'est qu'un gamin. Il s'agit d'une incompréhension. Autorisez-moi au moins à loger dans votre bâtiment. Je pourrai ainsi l'entraîner. »

Le père Barteau a dû être convaincant. Demande acceptée. Il est arrivé au volant de son Opel Kadett que j'avais laissée à la maison lors de ma dernière permission. Il avait aussi emporté un réchaud et, transformant la voiture en break, avait réussi à mettre à plat à l'arrière sa mobylette, dont il avait vidé le réservoir pour ne pas que l'essence coule et fasse tache. Pendant mes quinze jours de « punition », si je dormais au gnouf, j'étais libre de mes mouvements dans la journée. Alors je les passais avec mon père, qui se retrouvait tout seul dans la chambre le soir. Le matin, souvent, on faisait les courses ensemble, près de Fontainebleau. Il me faisait à manger, je n'allais plus à la cantine. Quand José Touré, Freddy Skouma et les autres passaient, ils sentaient la bonne odeur de bouffe. Cela les changeait !

Le week-end, j'étais consigné. Solidaire, mon père restait à mes côtés. Ce qu'on a pu se marrer à faire des photos dans les allées du bataillon de Joinville, mon père endossant pour l'occasion la tenue militaire d'un pote. Je garde précieusement les clichés où l'on fait semblant d'être au garde à vous ou ceux de la balade avec un fusil dans la paume, comme si on surveillait le bâtiment. Mais on ne faisait pas que rigoler… L'entraînement n'était pas oublié. Mon père m'emmenait pédaler. On roulait autour des bois de Fontainebleau, moi à vélo, lui sur la mobylette qu'il avait ramenée. Nous nous sommes entraînés à fond. J'étais affûté tandis que les coureurs revenus du stage sur la Côte d'Azur avaient mangé comme des vaches et pris des kilos. Si bien que, lors d'un Paris-Épernay, j'ai gagné la course. Le colonel qui m'avait mis au cachot était en rogne. « C'est quoi ce boulot, bordel ? Vous vous êtes entraînés quinze jours dans le Sud et c'est Barteau qui gagne alors qu'il était consigné », a-t-il pesté.

26

Du camp disciplinaire de Mourmelon à la piqûre quotidienne à Cherbourg

Trois mois après mon arrivée au BJ, j'ai encore déconné. Le colonel qui m'avait dans le viseur m'a poussé à bout. À force de m'emmerder, c'est vrai, j'ai pété les plombs. Je me suis présenté face à lui et je lui ai balancé tout ce qui m'a traversé l'esprit. Je lui en ai dit des vertes et des pas mûres. Cette fois, son supérieur ne pouvait pas me protéger. La sanction, irrévocable : expédié au camp disciplinaire de Mourmelon, dans la Marne, près de Châlons-en-Champagne.

Lorsque je suis arrivé à la gare avec mon baluchon, c'était la déprime. Personne pour venir me chercher, je me suis tapé les dix bornes à pied. Paysages de désolation. C'est à Mourmelon, cette même année 1980, que l'adjudant-chef et instructeur au 4e régiment de dragons Pierre Chanal, on l'apprendra plus tard, a commencé à sévir en s'en prenant principalement à des appelés du contingent faisant de l'auto-stop près du camp. Ce sordide fait divers, jamais résolu concernant les enlèvements dès lors que Chanal s'est suicidé en 2003 en plein procès, est connu sous le nom de « l'affaire des disparus de Mourmelon ». Bref, quand j'arrive dans cet immense champ de manœuvre, il caille, le décor est triste à mourir, j'ai le moral au fond des chaussettes.

Au BJ, nous étions deux par piaule. Là, nous sommes une vingtaine par dortoir. La discipline règne en maître. Fini de rire. Tout est gris. Des chars sont à l'entrée du bâtiment. Le lendemain de mon arrivée, je suis reçu dans le bureau du plus haut gradé. Il m'informe que, affecté à Mourmelon car exclu du bataillon de Joinville, je n'aurais pas l'autorisation de rentrer les quatre prochains week-ends. Je ne vais jamais tenir. Le jour d'après, un vendredi, je suis reçu par un autre responsable. Il cherche à savoir ce qui m'a valu un tel opprobre. Il savait que j'étais athlète de haut niveau. Je lui explique que je n'ai que 18 ans, qu'au BJ je suis entouré de sursitaires, que j'ai commis quelques bêtises comme arriver en retard aux rassemblements, que j'ai une copine. Et je lui confie que le colonel m'a fait chier et que j'ai pété les plombs. Puis, d'un coup, comme je sais bien le faire, je me mets à sangloter en le regardant droit dans les yeux.

Je suis en larmes. Dans ma tête, je me dis : « Oh, mon gars, si tu me fais rentrer demain, tu ne me reverras plus… » J'insiste, j'en rajoute. « Ma mère ne comprend pas ce qu'il se passe, ma copine non plus. C'est terrible ce qui m'arrive. Ça va être la fin de ma carrière de cycliste ! J'ai quitté l'école très tôt pour tout donner au vélo… » Je déroule mon baratin. Il commence à flancher. Mes larmes continuent de couler. Et là il m'interrompt : « Monsieur Barteau, arrêtez de pleurer. Exceptionnellement, je vais vous permettre de rentrer demain et pour ce week-end afin que vous retrouviez votre famille. Les choses vont s'arranger. Par contre, revenez lundi avec votre vélo et j'essaierai de vous mettre à l'infirmerie. »

Je suis aux anges. Cette haute autorité du camp me donne une sorte de blanc-seing. Je suis rentré à Caen. Et je ne suis jamais retourné à Mourmelon !

Mais je ne suis pas devenu un déserteur. Le lundi matin, je me suis présenté à l'hôpital de Caen où allaient tous les militaires. Mon père m'a accompagné en voiture. Et j'ai affirmé aux médecins que j'avais une terrible douleur au dos. Que mon père conduisait car j'en étais incapable. Faux mais invérifiable. Je me tordais de douleur devant le personnel, je marchais avec difficulté. Ils ont prévenu Mourmelon. De jeunes internes ont essayé de me soigner puis, après réflexion, m'ont envoyé à Cherbourg, à cent kilomètres. Direction l'hôpital des Armées, bel établissement néoclassique créé à l'initiative de Napoléon III. Cherbourg, c'est toujours mieux que Mourmelon !

Là-bas, ils m'ont fait passer des examens mais n'ont rien trouvé. Et pour cause… L'hôpital, réputé et imposant, était aussi ouvert aux patients non militaires. Ils avaient d'autres chats à fouetter que moi. Chaque matin, à 7 heures pétantes, une infirmière m'administrait une piqûre dans les fesses. Puis j'étais libre. Lorsque j'allais à la cantine, je boitais. J'étais à fond dans mon rôle. Le week-end, une ambulance me ramenait à la maison à Caen. Trois semaines plus tard, faute de problème de transport, ils m'ont demandé si quelqu'un pouvait venir me chercher. Mon père ou Béa passait me prendre. Et je repartais le lundi matin, au volant, me garant dans le parc à l'abri des regards indiscrets pour ne pas être démasqué. Au fil des jours, une fois la piqûre de 7 heures effectuée, je rentrais à Caen pour la journée. Et je repartais le lendemain matin à l'aube, conduisant en pyjama et robe de chambre, me glissant direct dans le lit en attendant qu'on me pique le cul. Il n'aurait pas fallu que j'aie un accident ! À 9 heures, j'étais de retour chez moi et je partais rouler à vélo. Le dimanche, pendant les permissions, je prenais part à des compétitions.

Si jamais il y avait un contrôle inopiné dans la journée, j'aurais pu prétendre que j'étais en salle télé ou en train de me promener dans le parc. Les portables n'existaient pas. Il y avait tellement de malades dans l'établissement qu'ils ne pouvaient pas surveiller tout le monde. Un matin comme les autres, j'ai regagné le lit un peu avant 7 heures. Mais pas de trace de l'infirmière. J'avais hâte qu'elle passe pour me casser. Ah, ça y est, on toque à la porte. Sauf que ce n'est pas l'infirmière. Le médecin chef est bien entouré.

« Ça va, Monsieur Barteau, vous avez bien dormi ?

– Oui Docteur, merci. » Et je gesticule pour bien montrer que j'ai mal.

« Le traitement fonctionne bien ? »

Je n'ai aucune envie de retourner à Mourmelon. Si je suis rétabli, ils vont m'y envoyer. Alors j'en rajoute encore. Je feins d'essayer de me redresser. Le médecin me demande si, lorsque je rentre chez moi le week-end, je mets bien une planche sous le lit, comme ici. Elle est censée me maintenir le dos. J'opine.

« Bizarre, reprend-il, on ne voit pas véritablement d'évolution dans votre cas. »

Le médecin envoie ses assistants dans une autre chambre. Se tournant vers moi, il assure : « Il y a tout de même un truc que j'aimerais vous montrer... » Et il extirpe de sa poche le journal *Normandie Cyclisme*, le feuillette, trouve la page qu'il cherchait et me la présente. On me voit levant les bras après une victoire quelques jours plus tôt. Je suis grillé.

« Il vous ressemble diablement, ce coureur-là, fait-il.

– Bah oui, c'est moi... »

Le médecin aime le vélo. C'est bien ma veine. Et en plus il est abonné à *Normandie Cyclisme*. Je joue carte sur table. Je lui avoue que je n'ai pas du tout mal au dos mais que je n'ai aucune envie de revenir à Mourmelon. J'insiste : « Je veux faire carrière dans le vélo. »

Je suis sincère. Je ne cherche même pas à pleurer, comme je sais le faire. Compréhensif et bienveillant, le médecin suggère : « Ne vous inquiétez pas, vous n'allez pas retourner à Mourmelon. Je vais vous arranger ça. »

Tout plutôt que le camp de la Marne. « Je vous considère comme inapte. Mais, ici, en revanche, vous allez aider. » En contrepartie, comme d'autres, je devais donner un coup de main et servir les petits-déjeuners aux anciens. Tout le monde était gagnant puisqu'il économisait du personnel. Je ne suis jamais retourné à Mourmelon, comme je m'en étais fait la promesse. Le service militaire à Cherbourg était d'autant plus agréable que j'échangeais mes tours de service dans les chambres avec un copain, contre ma solde et une cartouche de cigarettes !

27

Un colonel qui ose tout

Lorsque j'ai conquis le Maillot Jaune à Cergy-Pontoise le 3 juillet 1984, à 22 ans, j'ai reconnu derrière les barrières la grosse tête brune de mon cauchemar à l'armée, celle du colonel qui m'a envoyé en camp disciplinaire à Mourmelon. Sa tronche ne me revenait toujours pas. C'est quand même lui qui m'a viré du bataillon de Joinville après que je l'ai traité de tous les noms car il m'avait poussé à bout. Cela ne l'a pas empêché, après ma descente du podium, de m'appeler au loin : « Vincent, Vincent ! »

Il croyait vraiment que j'allais m'arrêter pour lui et venir signer un autographe ou que sais-je encore ? Sérieux ? Au contraire, je n'ai pas hésité une seconde : j'ai demandé à ce qu'on le dégage de là !

TERRE NATALE

28

J'irai revoir ma Normandie

Je suis normand et fier de l'être. Né à Caen, chef-lieu du Calvados. Grandi à Giberville, tout près. J'habite toujours sur le littoral normand, à côté de Ouistreham Riva-Bella. Sportivement parlant, avant de choisir définitivement le vélo, j'ai joué au football à l'US Normande. J'étais un bon ailier gauche, j'avais des qualités. J'étais un joueur offensif avec un cœur gros comme ça. Un poumon, capable de courir sans cesse. J'étais également licencié en course à pied. J'ai remporté la plupart des courses auxquelles je me suis aligné. J'ai été champion de Basse-Normandie de cross. Alors que je faisais aussi du vélo et commençais à me distinguer, un entraîneur de football d'un club plus important de la région avait envie que je vienne chez eux. Mon père m'a laissé trancher. Le coach est venu à la maison pour le convaincre, nous étions tous les trois autour de la table. Mon père a dit : « Écoutez, Vincent choisira ce qu'il voudra. »

Et j'ai opté sans hésiter pour le vélo.

Il n'était plus possible de mener à bien toutes les disciplines de front. Je ne l'ai évidemment pas regretté. Dans ma famille, historiquement, on est très vélo. La région l'est tout autant. Et, compte tenu de la relation particulière que j'entretiens avec la Normandie, je vous laisse imaginer la fierté qui a été la mienne quand je l'ai traversée en étant recouvert du Maillot Jaune. D'abord lors de la 6e étape entre Cergy-Pontoise et Alençon. Mais surtout le lendemain, le 5 juillet 1984, lors du contre-la-montre de 67 kilomètres entre Alençon et Le Mans. C'est Laurent Fignon qui remporte le chrono, devant Sean Kelly, Bernard Hinault et Stephen Roche. Passer tout seul en jaune, au bord de la route, chez moi en Normandie, quel bonheur ! Quand je remontais des faux plats et que j'arrivais en haut, les gars s'écartaient au dernier moment sur mon passage. Je me demandais d'ailleurs quand ils allaient le faire, tant j'avais la douce impression d'être pris en tenaille. L'enfant du pays que je suis a été gâté, j'avais les oreilles qui bourdonnaient. Les frissons étaient incroyables.

Cette image d'avoir sillonné une bonne petite partie de la Normandie avec le Maillot Jaune reste gravée. La ferveur a été folle. À Alençon, avant le départ, j'avais pu retrouver la famille. Il y avait mes parents, ma femme, enceinte de mon premier enfant, mes amis. Tout le monde me cherchait. Tout le monde m'applaudissait. Je suis devenu le quatrième Normand à porter cette fameuse tunique jaune. Avant moi, Jacques Anquetil, bien sûr, mais aussi Jean-Claude Lebaube et Raymond Delisle ont connu cet honneur. Partir en dernier d'Alençon a renforcé ma motivation. Pour moi, il s'agissait d'un véritable test. En l'occurrence le contre-la-montre le plus long depuis 1978. Je n'en menais pas large car je suis alors néophyte dans cet exercice si particulier. Il allait falloir tenir la distance. Je suis un peu stressé au départ. Les favoris sont à plus de dix-sept minutes mais dans mon sillage il y a Maurice Le Guilloux à 1 minute 33 et Paulo Ferreira à 3 minutes 33. C'est à la fois peu et beaucoup. Je crains surtout Maurice, plus expérimenté. Le rendez-vous est important. Je dois le battre. Et me battre contre moi-même. Mes supporters sont là, ils me réchauffent le cœur.

Maurice Le Guilloux, parti deux minutes après Paulo Ferreira, le rattrape puis le dépasse. À mon tour je rattrape le Portugais. Je n'ai pas oublié le coup de Trafalgar qu'il m'a joué lorsqu'il m'a « piqué » l'étape deux jours plus tôt alors qu'il n'a pas roulé de l'échappée. Ainsi, quand je le dépasse, je lui envoie un petit molard ! Je sais, ce n'est pas bien mais je n'ai pas résisté. D'ailleurs, il n'a pas réagi...

Passer le Portugais est une première délivrance. Je n'ai plus qu'à me concentrer sur Le Guilloux. À 15 kilomètres de l'arrivée, je l'ai en point de mire. Je me contente de rester tranquille dans son sillage. Et il ne pourra rien m'arriver... Les derniers kilomètres sont euphoriques car je suis certain de conserver mon Maillot Jaune. Je savoure, je suis moins stressé qu'au départ. Je profite de chaque instant. Quelle journée magnifique. Je termine 62e du contre-la-montre, à plus de cinq minutes de Laurent Fignon. Mais je reste en jaune, accentuant mon avance sur Maurice Le Guilloux, arrivé 87e de l'étape à 6 minutes 43, et Paulo Ferreira, 152e à 11 minutes 53. Mission contre-la-montre accomplie donc. J'ai même repris du temps à mon dauphin Le Guilloux, désormais à 3 minutes 7 secondes au général tandis que le Portugais est aux fraises, à presque dix minutes.

29

Ah, si Raymond Martin avait continué sa carrière...

Raymond Martin a traversé mon champ de vision lorsque j'ai assisté pour la première fois au Tour de France sur le bord de route, en 1978. Le natif de l'Orne, alors âgé de 29 ans, est chaleureusement encouragé, l'étape arrivant en Normandie, à Caen. Champion de France amateur, professionnel à 22 ans, il fera dix fois le Tour de France. Sur le podium et maillot à pois du meilleur grimpeur en 1980, il terminera cinq fois dans les douze premiers. Il a aussi participé aux Jeux olympiques de 1972 à Munich. Il a achevé sa carrière quand je démarrais la mienne. Quel dommage. J'aurais aimé le connaître plus tôt. Et, surtout, qu'il continue à pédaler quelques années de plus. Cela aurait même pu influer sur mon palmarès...

Comme il habitait dans le même coin que moi, à la sortie de Caen, je me suis entraîné avec lui. J'adorais ça. Il me tirait vers le haut. On faisait de belles sorties tous les deux. Quand il fixait rendez-vous à 9 heures, c'était vraiment départ à 9 heures, pas 9 h 05. Si j'étais en retard, ce qui m'arrivait (et continue de m'arriver), il était parti. Il ne m'attendait pas. Exigeant, Raymond. Il avait toujours une demi-roue d'avance sur moi, pour maintenir un rythme. Je restais dans son sillage, je regardais, j'apprenais, je progressais à force de rouler avec lui. Il m'aidait à conserver une moyenne haute. Je n'avais pas l'impression de m'entraîner pour rien à ses côtés ! Quand il a raccroché, je me suis senti un peu orphelin. Je n'avais personne de son standing pour aller me pousser au cul...

J'ai été fier de rouler à ses côtés. Je mesure la chance, alors que j'étais néo-professionnel, d'avoir pu m'entraîner avec l'un des meilleurs coureurs au monde, un mec qui a fait troisième du Tour de France, a gagné une étape et terminé deuxième du Critérium du *Dauphiné libéré*. Raymond est devenu un ami. Un très bon ami. On continue de se voir, entre Normands... Il a 75 ans et il est en pleine forme. Il habite dans le centre-ville de Caen et, comme il est bricoleur, il me donne de petits coups de main pour les travaux. Lorsqu'il était sur le point d'achever sa carrière, nous avons participé à pas mal de critériums ensemble. J'insiste : s'il avait poursuivi quatre ou cinq années de plus, j'aurais probablement obtenu de meilleurs résultats. Ma carrière n'aurait pas été la même. Il me forçait à sortir de la maison. M'entraîner avec mon père était pas mal, il faisait ce qu'il pouvait, après son boulot, mais ce n'était pas la même chose. J'aurais davantage progressé à fréquenter Raymond Martin lors de ses sorties. On pouvait être quinze à pédaler, Tintin assurait les relais tout seul ! Avoir un professionnel de cette trempe pas loin de la maison, c'est une chance. S'entraîner seul ou à deux, c'est le mieux, tu travailles en profondeur car, quand il y a vent de face, tu prends tout dans la gueule, tu n'es pas aspiré par les autres, comme je l'étais derrière le scooter de mon père.

Avec Raymond, c'était dur mais très efficace. Il était en parfaite condition physique. Après deux cents bornes avec lui, j'étais rincé mais bien. Pendant qu'on roulait, on parlait de pas mal de choses. Je bénis cette période. Avant même de le voir passer devant moi sur le Tour de France 1978, je l'ai d'abord vu gamin. Il n'était pas encore professionnel, je devais avoir une dizaine d'années. J'assistais avec mon père et mon frère aux Quatre Jours de Caen. Une course relevée, avec les meilleurs amateurs du coin. Je me souviens l'avoir vu remporter l'étape puis, sur le podium, embrasser sur la bouche la fille qui lui remettait la gerbe de fleurs. Cela m'avait choqué. En rentrant à la maison, j'avais dit à mon père : « Dis donc, ça a l'air sympa de courir. Vraiment, ça vaut le coup de faire du vélo. Tu gagnes et tu peux rouler une pelle à celle qui te donne le bouquet ! »

J'ignorais que la fille en question, la jolie Nicole, était sa copine. Avant de devenir sa femme. Et ils sont toujours mariés, formant un très beau couple.

30

Le père et la mère dans le journal

Lorsque j'ai gagné le Premier Pas Dunlop, *Normandie Cyclisme* m'a consacré un portrait. Le magazine rappelait que mon père y avait participé en 1945 en souliers de ville. L'article évoquait aussi le fameux livre de comptes qu'il tenait avec minutie :

« Au bas de chaque page, une note. Un titre de champion de Normandie vaut 12 sur 20. Et un championnat de France ? "J'irai peut-être jusqu'à 14/20. Pas plus. Il ne faut pas croire que tout est arrivé. Il a encore beaucoup à apprendre..." Henri Barteau a maintenant 52 ans. Rares sont ceux qui l'appellent Henri... Il est devenu le "Père" Barteau. Faisons confiance à son professeur de père, qui sacrifie beaucoup à l'éducation "cycliste" de Vincent. "Je ne suis qu'un simple ouvrier d'usine...", précise-t-il comme pour s'excuser d'avoir conduit son élève vers le titre national. Sa 98e victoire, sur 119 participations depuis ses débuts en 1976. Dans la vitrine, de nombreuses coupes et trophées sont autant de souvenirs de cette jeune et prometteuse carrière uniquement orientée vers le professionnalisme. Les choses sérieuses vont désormais commencer. Le plus dur reste à faire, les marches conduisant dans le sillage d'Hinault sont hautes. Père et fils en sont conscients. C'est une assurance pour l'avenir... »

Dans cet article, je pose tout fier, maillot tricolore et médaille autour du cou, entre mes deux parents, le journaliste rappelant que ma mère « essaie de retrouver une voix perdue à Carcassonne tellement elle a encouragé son fiston de champion, pour lequel elle a versé bien des larmes tant fut forte son émotion. À l'évocation de cette merveilleuse journée, ses yeux rougissent encore ».

LE TOUR DE FRANCE 1989

31

Les jambes en feu dans la côte de Saint-Antoine

Vendredi 14 juillet 1989. Jour de bicentenaire de la Révolution et de la treizième étape du Tour de France. Montpellier-Marseille, 179 kilomètres. Le Tour arrive dans la deuxième ville de France pour la première fois depuis 1971. Bien que je me sois couché autour de minuit, je suis debout dès 6 heures 30. Et franchement en pleine forme. Je m'étonne de paraître aussi frais. Même si je me suis fait jeter par le soigneur de l'équipe la veille, j'ai une pêche d'enfer. Il est tôt, certes, mais la chaleur règne déjà. Et il n'y a pas de climatisation dans la chambre, que je partage avec Laurent Fignon. Je prends le petit-déjeuner avec les mécanos et j'accompagne l'intendant de l'équipe pour aller chercher les journaux à l'aéroport. Lorsque je reviens, les coureurs se lèvent à peine. Laurent, le leader de notre équipe Super U, est en jaune. On nous a prévenus que le mistral allait souffler. On va longer la mer, ça va souffler sec.

L'étape part à midi. Elle est animée. Thierry Marie joue du clairon pour détendre l'atmosphère. Au 110e kilomètre, le mistral s'est déjà levé. Le peloton éclate en plusieurs bordures. Dans l'échappée de tête, un peu plus d'une vingtaine de coureurs dont tous les favoris. Je suis bien calé. Quelques kilomètres plus tard, Laurent Fignon et Charly

Mottet s'échappent. Laurent est premier du classement général, Charly troisième. J'essaie de contrôler un peu notre groupe pour que Laurent poursuive sa chevauchée. Quand Pedro Delgado et Miguel Indurain contre-attaquent, j'y vais. Laurent et Charly tiennent pendant 40 bornes, ont jusqu'à une quarantaine de secondes d'avance, mais la côte de Rove les condamne. Nous les rejoignons à 25 kilomètres de Marseille.

À hauteur de Gardanne, il y a un gros talus. J'en profite pour faire appeler Cyrille Guimard par la direction de course. Je descends à son niveau et je lui demande un bidon. L'arrivée est proche et, dans les vingt derniers kilomètres, on ne peut plus en réclamer. J'interroge Guimard : « Et maintenant, qu'est-ce qu'on fait ? » Il me passe le bidon mais ne me répond pas. Dans ma tête, je me dis : « Oh ! toi, je ne vais pas te poser la question deux fois. »

Je rentre dans le groupe de tête. Au moment où je le rejoins, j'aperçois un mec en train de partir. Jean-Claude Colotti, de RMO, l'équipe de Charly Mottet, vient de placer une attaque. Je ne me pose pas de questions : je sors illico et je le rattrape. Je sens que je suis dans un grand jour. Je le mesure car en arrivant à la hauteur de Jean-Claude, qui n'avait pas roulé derrière l'échappée de son leader, je suis obligé de freiner, tellement je viens vite. Je prends le relais. Il a du mal à suivre : quand je m'écarte pour qu'il fasse un relais, on aurait dit un escargot ! Je me méfie de Jean-Claude : il va vite au sprint.

Nous arrivons sur la côte de Saint-Antoine, à l'entrée de Marseille. J'accélère à 600 mètres du sommet. Je ne l'attaque pas vraiment. J'accélère, et il est largué. Je suis seul. Je crains toujours une attaque des gros qui sont derrière. Les PDM de Sean Kelly roulent fort.

Elle est dure, la côte de Saint-Antoine. Je m'accroche. J'ai les jambes en feu. Pas question de se faire rattraper. Je bascule au sommet avec quarante secondes d'avance. Je me jette à fond dans la descente. Encore 14 kilomètres à parcourir. Cela ne chôme pas derrière mais je me montre solide. J'augmente même mon avance dans les rues de Marseille.

Il reste désormais une boucle de 5-6 kilomètres à effectuer autour du Vieux-Port. Bernard Hinault, dans la voiture de l'organisation, se hisse à ma hauteur, me donne les écarts et m'encourage. Sur le circuit, j'aperçois des attardés ; on les arrête pour que je puisse passer : pour une fois, ce n'est pas moi qu'on arrête ! Marseille est noire de monde. Je n'ai jamais vu autant de personnes sur une étape. C'est la folie. Pas un trou dans la foule. J'entends des cris, des hurlements. J'ai les frissons. C'est impressionnant. Et tellement jouissif.

La cloche tinte. Plus qu'un kilomètre. Je sais que c'est gagné. Lorsque je franchis la ligne, après 4 heures 17 à rouler, je lève les deux bras en l'air. Je fais un petit signe, celui de la revanche. Jean-Claude Colotti termine deuxième, à 45 secondes. Martial Gayant, de Toshiba, complète le podium 100 % français, une minute seize après moi. 14-Juillet oblige, je reçois un télégramme de félicitations du président de la République, François Mitterrand. Et je suis devenu citoyen d'honneur de la ville de Marseille !

32

« Écartez-vous et laissez passer mon soigneur ! »

La veille de ma victoire, je me fais masser par Alain Gallopin, le kiné de l'équipe. « Vincent, je ne comprends pas. Tu as des super cannes. Alors qu'est-ce qui ne va pas ? Pourquoi tu ne tentes pas un truc ? » m'interroge-t-il. Comme je ne peux pas m'empêcher de blaguer, je me mets à me frotter les yeux et à pleurer. À faire semblant en tout cas. Il s'en veut, il pense qu'il m'a blessé avec sa remarque. Et, à son tour, il se met à avoir les yeux humides. C'en est trop. Je le touche et je lui lance : « Mais je rigole, Alain. La vie est belle. C'est des conneries… Tout va bien ! » Il est vexé, vraiment. Il me demande de dégager.

« Mais tu ne m'as pas massé l'autre jambe !

– Tant pis, rien à foutre. Casse-toi… »

Et je me suis fait jeter du massage. Debout très tôt le lendemain matin, je vais le réveiller en lui chatouillant les pieds.

Lors de la dernière boucle sur le Vieux-Port, à l'abord du passage sur la ligne, malgré l'immense marée humaine, je ne distingue qu'un seul mec côté gauche : mon Alain Gallopin. Il est courbé, agite son bras : « Allez, allez, Vincent, c'est bon… » Si c'est pas un signe… Le dernier tour me transcende. La ligne d'arrivée franchie, les journalistes, les photographes, les radios et les télés se ruent sur moi. Je fais mine de m'énerver et j'assure face aux micros : « Oh, oh, les gars, c'est quoi ce bordel ? C'est votre première interview ou quoi ? Allez, écartez-vous et laissez passer mon soigneur ! »

Alain pleurait de joie. Il était tellement content pour moi. Et j'étais heureux de partager ce moment fort avec lui. J'en ai profité pour lui glisser à l'oreille : « Ce soir, tu me masses les deux jambes ! »

33

« Barteau est redevenu coureur, nous étions nombreux à penser que cela n'était plus possible »

Le lendemain de ma victoire à Marseille en ce jour de fête nationale, mon numéro est salué par le tout nouveau directeur du Tour de France, Jean-Marie Leblanc. Dans sa chronique quotidienne dans *L'Équipe*, titrée « Barteau, le coureur », il souligne dans son billet où il livre ses impressions de la course : « Passons sur ce qu'elle a de bienvenu, de sympathique et de cocardier en ce jour de fête nationale pour n'en retenir que sa plus profonde signification. Elle prouve tout simplement que Vincent Barteau est redevenu coureur, et nous étions nombreux à penser que cela n'était plus possible ». Je peux le comprendre. Il était normal de ne plus trop croire en moi. Depuis mes débuts sur le Tour en 1984, où j'avais été porté aux nues après avoir endossé le Maillot Jaune deux semaines, les résultats escomptés n'avaient pas suivi. J'avais surtout connu, jusqu'à l'exploit de Marseille, des galères. Plus personne ne croyait en moi, même si, entre-temps, je ne me tournais pas les pouces. Mais j'avais accumulé les déboires, de l'arrêt de Renault avec des conditions financières qui n'étaient plus les mêmes à l'accident de chasse de Greg LeMond qui m'a occupé l'esprit, en passant par l'abandon au Tour de France 1986 après la première étape car j'étais malade.

Dès que je suis revenu dans de bonnes dispositions d'esprit, je me suis remis à gagner. C'est beau le destin, quand même : après cinq ans de disette sur le Tour, voilà que je remporte l'étape symbolique du 14-Juillet. Leblanc conclut ainsi son point de vue : « Hier, il a retrouvé le reste : le devoir et le plaisir de courir en équipe, l'instinct de la course, la rage de vaincre. Il a dû souffrir, Vincent Barteau, de sa longue cure forcée d'humilité et méditer sur les exigences du métier de coureur cycliste. Demain, son sourire illuminera de nouveau la caravane, et c'est une fable bien attachante dont la morale mérite assurément d'être apprise par d'autres… » Je n'étais pas usé. Mais les emmerdes avec Guimard et le contrat ont vite ressurgi, et accéléré mon arrêt.

34

Revanchard après tous ces hauts et surtout ses bas ? Un petit peu, oui...

Ce jour de bicentenaire de la Révolution française, je suis arrivé tout seul à Marseille après une étape difficile et venteuse. J'étais dans un jour extraordinaire. À 28 ans, j'avais la maturité qu'il fallait pour mieux me rendre bien compte de l'exploit réalisé. Si porter le Maillot Jaune reste un peu plus fort dans mes souvenirs, il s'agit de deux événements différents. En 1984, avec le Jaune, j'avais 22 ans, j'étais insouciant. On ne voit plus les choses de la même manière à 28 ans. Gagner le 14 juillet représente un symbole mais je n'ai pas choisi la date. J'aurais pu l'emporter la veille ou le lendemain. Cela n'aurait rien changé au menu que nous avions : carottes râpées, riz, pâtes et jambon ! Sur le podium, sous la casquette, j'adresse un clin d'œil. Il est à destination de mon père, pas présent à Marseille mais auquel je pense. Une façon de lui signifier aussi : « T'as vu, hein, on les a bien baisés. » Revanchard après tous ces hauts et surtout ses bas depuis 1984 ? Un petit peu, oui...

35

Un abandon au Giro deux mois avant

À Laurent Fignon le Maillot Rose du vainqueur du Giro à Florence, le 11 juin 1989, au bout de 3 620 kilomètres parcourus depuis le 21 mai. Il a ravi la place de leader à Erik Breukink à la 14e étape entre Misurina et Corvara Alta Badia, une étape de montagne disputée dans des conditions peu idéales : brouillard, froid et neige fondue. Au lendemain de sa prise de pouvoir, j'ai dû abandonner le Tour d'Italie à cause d'une chute. Le Tour de France approche vite : départ le 1er juillet du Luxembourg. Et comme le médecin de l'équipe me prescrit un repos total de dix jours et qu'il faut encore dix jours pour se remettre en forme, j'ai douté un moment que Guimard ne m'écarte de la liste pour la Grande Boucle. C'était chaud ! Heureusement, il a pu vite constater que je n'avais rien perdu de ma condition physique. Je n'ai donc pas eu la tête coupée ! Et, un mois après mon abandon au Giro, j'ai pu rompre avec mes années noires en gagnant à Marseille.

36

Les félicitations de Laurent Fignon

Dans plusieurs cartons, j'ai conservé en vrac tous les articles ou presque qui m'ont été consacrés. Et il y en a eu beaucoup. Dans la précieuse malle à souvenirs, la Une de *L'Équipe* du samedi 15 et dimanche 16 juillet 1989 (à l'époque, le quotidien du sport ne paraît pas le dimanche), lendemain de ma victoire à Marseille. Au-dessus de « L'Équipe », un appel Une sur Diego Maradona qui jure, depuis la Copa America, qu'il a envie de jouer pour l'Olympique de Marseille. Le gros titre est sur le Tour de France : « Le feu d'artifice ». Avec une photo du duel Laurent Fignon-Charly Mottet, qui ont conduit une échappée, et sur le côté une photo de moi tout sourire levant les bras juste avant l'arrivée. La légende, intitulée « Bouquet final », donne le ton : « Il y a cinq ans, Vincent Barteau porta le Maillot Jaune sur le Tour de France pendant douze jours. Il avait depuis quasiment disparu de la circulation, jusqu'à son retour triomphal, et solitaire, hier à Marseille. »

En page 2, j'ai les honneurs du dessin de Bernard Chenez, qui fait référence au spectacle nocturne de Jean-Paul Goude sur les Champs-Élysées entre le carnaval, le cirque et la parade militaire, avec près de six mille artistes et figurants. On me voit juché sur un drôle de vélo en hauteur avec, à l'arrière, un lampion et le drapeau bleu-blanc-rouge. Et moi qui lance : « C'est Jean-Paul Goude qui a fait la mise en scène. » L'humeur de Chenez est titrée : « Le Tour complètement Barteau ». Un peu plus bas dans la page, le Maillot Jaune du Tour, Laurent Fignon, revient sur ma victoire : « Avec Cyrille Guimard, nous avions voulu lui donner encore une chance en l'engageant cette saison, et il a prouvé hier qu'il la méritait et que nous avions eu raison de lui faire confiance. Il était très costaud d'abord en ayant réussi à se maintenir dans le premier peloton, où il a travaillé pour moi lorsque je suis parti avec Mottet, puis en contrant bien le démarrage de Colotti pour partir seul dans la côte de Saint-Antoine, près de l'arrivée. Pour le moral des troupes, cette victoire est la bienvenue. »

LAURENT FIGNON

37

Pisser sur la route

C'est une photo qui circule sur les réseaux sociaux, parvenue finalement jusqu'à moi et qui m'a fait sourire. Une photo postée par quelqu'un dont je ne connais pas l'identité. On nous voit, Laurent Fignon et moi, de dos, en train de satisfaire un besoin naturel dans un champ, pendant le Tour de France 1984. Quelques mètres nous séparent. Il porte le dossard numéro 1, celui du vainqueur sortant, moi le 2. J'ai le maillot Renault-Elf-Gitane sur les épaules, lui, le tricolore : il vient d'être sacré champion de France sur route, à Plouay, dans le Morbihan. Son seul titre de champion de France : parti seul en tête à 9 kilomètres de l'arrivée et lauréat tranquille des vingt tours du circuit breton. Peu après le départ du Tour, on s'était arrêtés pisser en bordure et un photographe a immortalisé l'événement. Il faisait un grand soleil, le champ était tout jaune, la couleur du maillot que je m'apprêtais à prendre quelques jours plus tard, ce que j'étais alors à des années-lumière d'imaginer. Cette tunique dorée comme les champs qui fait rêver tout le monde. Le cliché est très beau. Le gars a fait encadrer la photo et l'a accroché au-dessus de ses toilettes, comme il le montre sur les réseaux. Ma femme, Véronique, a d'ailleurs lâché, quand je lui ai montré : « On devrait faire ça, nous aussi… »

38

« Oh ! Vincent, tu fais quoi, là ? Ce Maillot est à moi… »

Je me plaisais bien avec le Maillot Jaune. Au lendemain de sa perte après une étape de montagne entre Grenoble et l'Alpe d'Huez, je me réveille aux côtés de mon successeur au classement et tenant du titre. Laurent Fignon est mon copain de chambre. On se prépare comme d'habitude. Chacun fait ses petites affaires. Je fais comme si de rien n'était, on ne sait jamais, sur un malentendu ! Bref, assis sur le bout du lit, je commence à fixer mon dossard sur le Maillot Jaune. Laurent me regarde agir, perplexe, amusé aussi sans doute. Puis, au bout d'un moment, il finit par me dire : « Oh ! oh, Vincent, tu fais quoi, là ? Tu as dormi, la nuit est passée. Maintenant, ce Maillot, il n'est plus à toi, il est à moi… »

39

Il aurait été aussi à l'aise au sommet d'une montagne à garder des moutons

Si je me suis vu décerner le prix Orange par les journalistes, à savoir le coureur le plus accessible et sympa, Laurent Fignon a lui récolté plusieurs prix Citron pour son côté amer. C'est vrai qu'il n'était pas le plus sociable de la terre. Mais il fallait gratter au-delà des apparences. Il était introverti. Avec mon tempérament déconneur, je le décontractais. Bien sûr, il était un peu sauvage et on lui a collé pas mal d'étiquettes, au titi parisien à lunettes et à queue-de-cheval, qui détonnait dans le peloton. Au fond, je suis certain que, s'il n'avait pas fait de vélo, il se serait bien plu au sommet d'une montagne à garder des moutons. Il était difficilement abordable mais, en vérité, adorable. Réservé, timide, casanier, peu expansif. Mais, si tu le déranges, il mord ! Il fallait savoir l'apprivoiser. Une fois admis dans son cercle intime, et il n'était pas facile d'y rentrer, il était d'une fidélité exemplaire. S'il était dur avec les autres, il était aussi terriblement exigeant avec lui-même.

40

Coup de main sur des cyclosportives, payé en retard

J'ai véritablement découvert Laurent après sa carrière. Nous avons été consultants sur Eurosport. J'ai travaillé comme conseiller sur Paris-Nice, dont il était devenu le directeur de la course. Je lui ai aussi donné un coup de main sur des épreuves cyclosportives qu'il organisait, à sa demande, car il devait partir commenter les championnats du monde. Je me suis ainsi retrouvé à gérer une quarantaine de personnes et je m'en suis bien tiré. D'ailleurs, à son retour, Laurent me dit : « Merci à toi, Vincent, j'ai eu de très bons échos sur ce que tu as fait. »

Comme d'autres, il craignait que je ne sois que le déconneur, que je suis certes souvent. Mais cela n'empêche pas de bosser sérieusement. En revanche, quand il a fallu me payer, Laurent a joué au suspense ! J'ai dû insister pour obtenir mon dû. Normal quand on a été éduqué à l'école Guimard ! Je ne voulais pas qu'il me la fasse à l'envers. Finalement, tout s'est bien arrangé. La légère fâcherie a été éphémère. Et cela ne l'a pas empêché de me demander d'être l'un de ses deux témoins de mariage.

41

Une popularité qui l'encombrait

Avec Laurent, nous avons souvent été ensemble en chambre, notamment lors du Tour de France 1984, qu'il remporte et dont je porte douze jours le Maillot Jaune. Jamais il ne m'a fait sentir que je ne le méritais pas. Il était au contraire ravi pour moi, même s'il espérait bien le reprendre, ce qu'il a fini par réaliser à l'Alpe d'Huez. La popularité dont il bénéficiait était énorme, même s'il ne la recherchait pas. Et, parfois, il le faisait ressentir.

Un jour que je portais encore le Jaune, nous étions ensemble à l'arrière de la voiture, attendant le départ de l'étape. Ils sont nombreux à nous encercler, à taper à la vitre pour obtenir un sourire, un autographe, une photo. Un monsieur avec son fils insiste. Je descends la vitre et je signe le papier qu'il me tend. Puis il va faire la même chose du côté de la vitre de Laurent. Qui ne réagit pas. Alors je tente : « Cela ne te coûte rien de lui gribouiller un petit truc. Et puis le gamin sera content… »

Laurent l'a fait. Mais il avait besoin de rester dans sa bulle. Et puis, tenant du titre et favori de l'épreuve, il éprouvait aussi un stress que je ne ressentais pas.

42

Le dernier sourire de Laurent

En mai 2008, Laurent Fignon épouse Valérie à la mairie de Bagnères-de-Bigorre, la ville où il dirige un complexe hôtelier et un centre cycliste qui porte son nom. La cité thermale se trouve au pied des cols d'Aspin et du Tourmalet. Le Tour de France n'est jamais loin... Ses deux témoins de mariage : Alain Gallopin, connu au bataillon de Joinville, devenu son masseur personnel avant d'entamer une carrière de directeur sportif, et moi. Laurent, je l'ai surtout connu après nos carrières, lorsque l'on a travaillé ensemble à Eurosport ou qu'il m'a sollicité lorsqu'il était directeur de la course Paris-Nice. J'ai découvert un autre mec. Avant, c'est vrai qu'on se côtoyait sans se connaître, on parlait essentiellement vélo. La fête à Bagnères-de-Bigorre est belle.

Quelques semaines plus tard, je m'en souviens comme si c'était hier, Laurent m'appelle. Je pars tout de suite sur le ton de la déconnade. « Ça y est, mon Laurent, tu sais enfin où tu vas partir pour ton voyage de noces ? » Un long silence. La voix est morne. « Non, non, on ne part plus. Vincent, j'ai un truc à te dire : j'ai un cancer. Je te l'annonce... »

Waouh... Le choc. Ambiance plombée. Je ne savais pas quoi dire. J'ai reçu un coup de chaud quand il m'a annoncé cela. Comme une décharge électrique. On venait de lui détecter une grosseur à la gorge. Le début des emmerdes.

On lui a en effet diagnostiqué un cancer des voies digestives. Il racontera en 2009 dans son ouvrage *Nous étions jeunes et insouciants* (Grasset) comment il a appris la terrible nouvelle : « Fin mars, j'avais enregistré une émission de télévision et je me souviens d'avoir ressenti une terrible douleur dans le dos pendant ce tournage : j'avais mis ça sur le compte d'un torticolis. Mais trois jours après, j'ai senti des ganglions dans mon cou : ils étaient douloureux. Je ne me suis pas inquiété. J'ai même traîné avant d'aller voir le toubib. Des examens furent pratiqués. Trois semaines plus tard, au moins, mon téléphone portable a sonné. J'étais dans la voiture et j'ai entendu la voix du médecin me dire : "Monsieur Fignon, on a trouvé des cellules cancéreuses, des métastases." J'étais fatigué, sans plus. Et ça m'est tombé dessus sans prévenir. »

Dans son combat contre la maladie, qu'il a rapidement rendu public, Laurent a été exemplaire. Courageux jusqu'au bout. Il a continué ses activités dans les médias, il a commenté le Tour de France 2009 pour France Télévisions. Mais, et c'est plus que normal, il n'avait pas le moral.

Un soir que je vais manger chez lui avec ma femme, Véronique, du côté de la porte de Charenton, il prépare à manger. Il nous mitonne des saucisses lentilles, l'un de ses plats préférés. Mais il était d'une tristesse absolue. Véro parlait avec Valérie, je le suivais dans la cuisine ou dans le salon. Je ne savais même plus quoi lui dire. Il se savait condamné, sentait son état se dégrader. On a regardé un peu la télévision mais il avait les yeux dans le vide. Il n'a même pas touché à son assiette...

C'est ensuite qu'il a commencé à ne plus pouvoir parler. Il a été hospitalisé à l'hôpital de la Pitié-Salpêtrière. Ses proches et sa famille se sont relayés à son chevet jusqu'aux derniers instants, sa femme Valérie, ses parents, ses enfants, son frère Didier, Alain Gallopin, le Pr Gérard Saillant, Alain Bondue, le kiné Laurent Loulier, Jean Cormier. C'était chacun son tour… J'allais souvent lui rendre visite, bien sûr. Une fois, il a senti une larme couler sur sa main. C'était la mienne ! Ma propre larme est tombée sur sa main. Lui était allongé, il m'a secoué, l'air de dire : « Tss tss, pas de ça… »

Il avait compris qu'il n'y avait plus grand-chose à espérer. Il a réclamé de la morphine, pour moins souffrir, pour arriver enfin à dormir, pour soulager la douleur et la détresse. Cet opioïde aide à maintenir dans un état de confort durant la maladie. Jusqu'au moment de la mort. Car il savait qu'il allait partir. Je voyais ses deux parents, malheureux comme des pierres, impuissants. Ils étaient assis sur une chaise, au bout du lit, les bras sur le drap. C'est vrai que Laurent et son sacré caractère n'ont pas toujours été tendres avec eux, ni avec son frère.

Dans cette même matinée, sa dernière, peu après ma larme, sa femme débarque. Ses parents étaient là, le Pr Saillant aussi. Valérie le voit en sueur et lui demande : « Tu transpires dans ton tee-shirt. Tu n'as pas envie qu'on te le change ? » Tandis que j'aide Laurent à se relever pour qu'il soit en position assise afin de retirer plus facilement son tee-shirt pour en enfiler un autre, je lâche machinalement : « Mais, dis donc, ce n'est pas un tee-shirt à moi ? » Et là je vois un petit rictus se dessiner sur les lèvres de Laurent. Son premier sourire depuis longtemps. Ce magnifique sourire qu'il avait perdu, forcément. Il faut que je vous explique pourquoi ma réplique l'a fait rire…

Laurent avait racheté la classique Paris-Nice. Lorsqu'il me demandait de bosser à ses côtés sur l'événement, il pouvait m'arriver de passer une semaine chez lui. Et, sans le faire exprès, de repartir avec certaines de ses affaires. Lorsqu'il venait ensuite passer un week-end chez moi en Normandie, il s'en amusait. « Dis donc, il n'est pas à moi ce tee-shirt ? »

C'était devenu un sujet de blague récurrent. Alors, quand sa femme a voulu qu'il change de vêtement sur son lit d'hôpital, je l'ai ressorti. Lui qui ne réagissait plus beaucoup depuis un moment, là, il a souri. Son dernier sourire. Car ce jour-là, à 12 h 30, il est parti pour une échappée définitive... Il venait d'avoir 50 ans.

Je veux garder cette image en mémoire. Ses parents m'ont chaleureusement remercié. Ils étaient touchés. « Merci Vincent, merci du fond du cœur, malgré la douleur, de l'avoir fait sourire. On a pu le voir une dernière fois heureux et partir avec un petit sourire. On n'aurait pas aimé le voir partir sans sourire. Toi seul y arrivais », ont-ils insisté en me serrant fort dans les bras à l'hôpital. Avant d'ajouter : « Tu ne peux pas imaginer la joie que tu nous as procurée. Encore merci... »

Ses obsèques ont eu lieu au crématorium du Père-Lachaise. Il y a eu de magnifiques chants basques, interprétés par l'un de ses intimes, le journaliste Jean Cormier. « À Lolo, un mec à part, un cabochard, un cœur énorme », a-t-il dit. Il y a eu aussi des hommages, des discours, des poèmes, de la musique, dans la salle des Coupoles. C'était beau mais triste. Laurent a choisi d'être incinéré. À la fin de la cérémonie laïque, quand j'ai vu le cercueil partir sur une sorte de tapis roulant en signe d'adieu, j'ai pensé à un bagage se baladant sur le tapis de l'aéroport. Voir mon copain partir ainsi m'a marqué.

Plus d'une centaine de proches et amis étaient là, des gens du sport comme Bernard Hinault, Sean Kelly, Alain

Prost ou Hubert Auriol, des personnalités des médias tels Michel Drucker et Gérard Holtz. De nombreux anonymes, curieux, amateurs de cyclisme et fans de Laurent Fignon s'étaient également pressés autour des barrières sur le parvis du crématorium. À la sortie, j'ai répondu à quelques micros tendus des radios, pour saluer sa mémoire. J'ai assuré avoir assisté à un hommage à la hauteur du bonhomme qui, même s'il ne voulait pas que l'on s'apitoie sur son sort, méritait quelque chose de bien. J'ai rappelé qu'il s'était battu jusqu'au bout, avec énormément de courage. Une façon de nous rappeler que l'être humain est relativement fragile même si on a tendance à l'oublier trop rapidement. En tout cas, ça a été du grand Fignon, jusqu'à la fin ! À titre plus personnel, je suis fier de l'avoir fait rire une ultime fois avant son dernier souffle. C'est ce qu'il voulait. Je suis allé ensuite sur le plateau de *Tout le sport* sur France 3. Henri Sannier, le présentateur, que j'avais connu à FR3 Caen, avait insisté pour que je vienne témoigner.

Le soir, j'ai dormi chez Valérie Fignon. D'autres proches étaient là : il n'était pas question de la laisser toute seule dans cette épreuve. Le lendemain, je suis rentré en Normandie. En prenant le métro pour rejoindre la gare, j'avais la tête basse. À Saint-Lazare, en attendant mon train, toutes les Unes et les affiches étaient consacrées à Laurent. J'étais d'une tristesse… Les journaux ne parlaient que de la mort de mon pote. Encore une fois, il a montré jusqu'au bout combien il était fort. Quelque part, il a gagné contre cette foutue maladie en réussissant à revivre deux Tours de France comme consultant.

BERNARD TAPIE

43

J'aurais dû lui demander le double

L'année où je porte le Maillot Jaune, je suis élu prix Orange par les journalistes, à savoir le coureur le plus sympa, celui qui joue le plus le jeu avec les médias, qui se montre le plus coopératif. C'est aussi pour cette popularité que Bernard Tapie me veut. Mais, à cette époque, j'ai resigné quatre ans avec Cyrille Guimard et Renault-Elf. Ce n'est que partie remise. Entre-temps, l'équipe a mis la clé sous la porte. Et La Vie claire, une chaîne de magasins bio qu'il a rachetée, est devenue Toshiba. Cette fois, c'est la bonne. Pour Toshiba, il a déjà recruté Bernard Hinault et Greg LeMond, il lui manque Barteau ! En 1987, je porte les couleurs de RMO mais je suis prêt à une nouvelle aventure. J'ai rendez-vous dans le bureau de Tapie, avenue de Friedland, près des Champs-Élysées. Je monte tout seul, en train, depuis ma Normandie. Je n'ai, de toute façon, jamais eu d'agent. Les locaux sont cossus, avec un parquet qui en jette. Quand on me fait pénétrer dans son antre, il jongle entre deux téléphones fixes ; les portables n'existent pas. Il passe d'une conversation à l'autre avec un naturel déconcertant. Dans l'une, il négocie un transfert pour l'Olympique de Marseille. Je me demande d'ailleurs s'il n'est pas en ligne avec Dominique Rocheteau. Rocheteau, qui m'a tant fait rêver lorsqu'il était le bel Ange Vert de

Saint-Étienne. Tapie est impressionnant de charisme. Il s'interrompt pour échanger brièvement avec moi, sans raccrocher. « Bon, allez Vincent, on est OK, tu signes et tu viens avec nous dans l'équipe ? » Je confirme. « Donne-moi tes conditions... Combien tu veux ? » interroge-t-il. Pris au dépourvu, je réponds une somme. Il ne discute même pas, m'envoie formaliser tout cela avec sa secrétaire pendant qu'il poursuit ses échanges au téléphone.

Lorsque je retourne à la gare Saint-Lazare, je ne décroche pas un mot. Je me refais le film dans ma tête. Dans le train qui me ramène à Caen, je regarde le paysage défiler par la fenêtre. Puis je me cogne le front avec la paume de la main : « Oh ! mais putain, quel con ! pourquoi je ne lui ai pas demandé le double ! »

44

Il refuse que j'aille voir Greg aux États-Unis après son accident

Paris-Camembert est une course qui me tient à cœur : si on s'élance des Yvelines, on arrivait alors à Camembert, chez moi en Normandie. J'ai terminé deuxième en 1985, derrière Martial Gayant. Deuxième encore, en 1990, derrière Thierry Marie. En cette année 1987, je crois en mes chances. Je porte le maillot de ma nouvelle équipe, Toshiba-La Vie claire. Ce matin d'avril, on frappe à ma porte. Il est tôt. Très tôt. Pas encore 6 heures du matin. C'est Michel Laurent, le manager de l'équipe, un ancien coureur vainqueur de Paris-Nice et de la Flèche Wallonne. J'ai les yeux embués et la mine fatiguée mais je perçois son visage sombre.

« Vincent, je n'ai pas une bonne nouvelle. Greg est entre la vie et la mort. Il a reçu des plombs de fusil dans le corps lors d'une partie de chasse. » Je suis abasourdi. Je prends un coup de chaud. Le départ de Paris-Camembert est à 11 heures. Je n'ai pas la tête à la course.

Mes pensées vont vers Greg LeMond. Il a 25 ans, il a remporté le Tour de France l'année passée (premier coureur non européen à s'adjuger la Grande Boucle), il est au sommet du cyclisme tandis que Bernard Hinault a tiré sa révérence. Il semble, à cet instant, perdu pour le sport. Je suis effondré. Greg, c'est mon pote. Je participe quand même à la course mais le cœur n'y est pas. J'essaie de me renseigner sur son état de santé. Les nouvelles arrivent au compte-gouttes. J'apprends que son abdomen et sa poitrine ont été criblés de grenaille de plomb. Il a été accidentellement touché par un tir de son beau-frère, qui a manqué sa cible au cours d'une partie de chasse en Californie en famille. Il s'est alors vidé de son sang et, en effet, a été entre la vie et la mort. Heureusement, les secours sont intervenus rapidement, en hélicoptère. Il a été évacué et opéré avec succès. Il sortira de l'hôpital au bout de six jours. À force de volonté, Greg ce champion parviendra, deux ans plus tard, à renouer avec la compétition et son niveau d'antan. Il conserve à vie une trentaine de plombs dans le corps, notamment deux près du cœur. Tout cela a probablement précipité sa fin de carrière.

Sur le coup, quand j'apprends son accident, je n'ai qu'une envie : filer aux États-Unis. Me trouver à ses côtés et celle de sa femme Kathy durant cette épreuve. Les réconforter comme je le peux. Mais le Suisse Paul Koechli, directeur sportif de La Vie claire, refuse. Le boss, Bernard Tapie, également. Son appel est sans ambiguïté.

« Écoute Vincent, je comprends que tu veuilles aller là-bas. Mais franchement, ça ne sert à rien. Le mal est fait, malheureusement... Cela ne changera rien d'y aller. »

Deux mois plus tard, en juin, au Tour de Suisse, le moral n'y est toujours pas. J'aimerais être auprès de Greg. Je m'aligne mais, hors de forme, j'abandonne lors d'un ravitaillement. En plus, il pleut. Je suis en train d'enlever mes godasses, le cul sur le siège d'une voiture de l'équipe. Paul Koechli a entendu que j'abandonne alors il appelle le mécano dans la voiture où je suis et dit, de son accent suisse traînant : « C'est Paul à la radio. Dites à Vincent qu'il remonte sur le vélo et pédale un peu car il va faire beau dans quelques kilomètres de l'autre côté de la vallée. »

Mais moi je n'y crois pas une seconde. Et je n'ai plus envie de rouler. Alors je continue d'enlever mes chaussures et je campe sur ma décision.

Le soir, à l'hôtel, Koechli pousse une gueulante contre moi. Il avait raison : dix kilomètres plus loin, il a fait très beau. Il restait cinq jours de course. Koechli se demandait dans quel état j'allais m'aligner au championnat de France, programmé sous peu. De retour à la maison, je me suis entraîné à fond avec mon père. D'ailleurs, lors de ce championnat de France 1987, à Lugny, en Saône-et-Loire, je me suis distingué. Je m'étais échappé avec Marc Gomez. Hélas, on a été rattrapés à une petite dizaine de kilomètres de l'arrivée. Et c'est Marc Madiot qui s'est imposé. Je méritais d'aller sur le Tour de France. Je marchais bien. Paul Koechli, malheureusement, en a décidé autrement. Il ne m'a pas pris. Et je suis sûr qu'il ne m'a pas aligné parce que j'avais abandonné au Tour de Suisse. À ses yeux, je n'ai pas respecté la course, qui plus est celle de son pays.

Si Koechli et Bernard Tapie m'ont dissuadé d'aller aux États-Unis pour me rendre au chevet de Greg LeMond, j'ai fini par traverser l'Atlantique. À plusieurs reprises. Je me souviens aussi de son retour à Courtrai, en Belgique, où il était installé. Il est d'abord revenu seul, laissant Kathy aux États-Unis. Je peux vous garantir qu'on a dignement fêté nos retrouvailles ! Il allait mieux et on est allés célébrer à notre manière sa convalescence. Une soirée homérique, où l'on a beaucoup bu et fini torse nu ! On a en effet abandonné quelques vêtements en route… J'ai ramené la voiture mais je n'étais pas au mieux. Heureusement, on était allés fêter ça pas loin de chez lui.

45

Quand la voiture du groupe Tapie m'évite une amende

Me voilà de retour de chez Greg LeMond à Courtrai, en Belgique, à une trentaine de kilomètres au nord-est de Lille. J'ai dormi chez lui après une course. Nous sommes coéquipiers chez Toshiba-La Vie claire. Il me prête une bagnole pour rentrer chez moi, près de Caen. La Citroën CX Turbo 2 appartient au groupe Bernard Tapie, notre patron, même si le logo n'apparaît pas sur le véhicule. Greg a installé un radar, collé au volant, près du tableau de bord, ramené des États-Unis.

Je prends la bifurcation vers Rouen par l'A29. Je me retrouve sur une départementale aux allures de cuvette. Je ne roule pas comme un dingo mais, dans la cuvette, avec la Turbo, j'accélère un peu. C'est là où j'ai dû me faire repérer par la patrouille. Je suis pris en filature mais je ne remarque rien. Alors qu'on rentre dans Rouen, je m'arrête au feu rouge. J'observe une sirène qui se met en marche quelques voitures derrière moi et déboîte pour avancer. « Tiens, il y a une urgence » : voilà ce que je me dis. Et je m'écarte, me rapproche du trottoir pour la laisser passer. Sauf que la voiture se met en travers de la mienne. Les gendarmes sont là pour moi ! Je n'en ai pas conscience, je ne me sens pas coupable de quoi que ce soit. Je suis sûr qu'ils se sont trompés de personne. Je baisse ma vitre. Le gendarme me regarde dans les yeux et m'interroge : « Non mais vous avez vu votre vitesse ? Vous avez vu à combien vous roulez ? »

Son regard tombe sur le radar portatif. « Donnez-moi ça tout de suite. » Je m'exécute. Je lui explique que je reviens de chez Greg LeMond et que je suis coureur professionnel. « J'ai d'ailleurs mon vélo dans le coffre, je peux vous le montrer si vous voulez… » Le gendarme se calme un peu : il m'a reconnu. Il me demande les papiers du véhicule. Je lui présente le permis de conduire, la carte grise, le certificat d'assurance. C'est là qu'il s'aperçoit que la voiture appartient au groupe Bernard Tapie… Il esquisse un sourire. Et, constatant par ailleurs que je ne suis pas un danger public, me laisse repartir sans me mettre d'amende. Merci mon Nanard !

En revanche, le gendarme a conservé le radar portatif. Mais Greg LeMond ne m'en a pas voulu…

46

« Ne me dis pas que tu reviens de chez Greg ! »

En 2019, lors du Tour de Provence, des anciens coureurs de l'équipe La Vie claire et Toshiba sont conviés à déjeuner avec Bernard Tapie, aux Saintes-Maries-de-la-Mer. Il était déjà malade mais d'humeur légère, le verbe toujours aussi fringant. Marc Madiot, Jean-François Bernard, Jean-François Rodriguez, Maurice Le Guilloux et d'autres étaient là. Je suis arrivé en retard, retenu chez le coiffeur. Quand je déboule, Tapie se lève et lance : « Ne me dis pas que tu reviens de chez Greg LeMond ! »

Il se souvenait que je lui avais demandé à rendre visite à mon ami après son accident de chasse. J'ai eu Bernard Tapie une dernière fois au téléphone quelques mois plus tard. C'est d'abord moi qui ai appelé mais il n'a pas décroché. Un peu plus tard, tandis que je fais le plein à la station essence, le téléphone que j'ai laissé dans la voiture sonne. Je sens que c'est lui. Je me précipite vers mon appareil. J'ai bien fait : c'est bien Tapie. La conversation est brève. « Je garde espoir, ne t'inquiète pas Vincent. Et l'espoir fait vivre », me dit-il.

Je suis ému. Un peu la tête ailleurs, aussi, au point que, en redémarrant la voiture, je ne me suis pas aperçu que le tuyau de la pompe à essence était resté bloqué dans le réservoir !

LE DOPAGE

47

Je pisse rouge pour mon premier contrôle

Bain-de-Bretagne. Chez les cadets, avec mon club de l'UV Caen, je dois participer au critérium. Pour une fois, ce n'est pas mon père qui m'accompagne mais un responsable du club. Il m'emmène en voiture avec deux ou trois autres coureurs. En Ille-et-Vilaine, l'un de mes adversaires les plus redoutables sera Yvon Madiot, le frère cadet de Marc, qui gagne tout en Bretagne quand je réalise la même chose en Normandie. Sur la route, avec mon équipe, on déjeune dans un petit restaurant. Je mange des betteraves, beaucoup de betteraves rouges. Notre course a lieu à Bain-de-Bretagne à 18 heures, celle des professionnels est programmée à 20 heures.

Je gagne la course et Yvon termine deuxième. Deux officiels viennent nous chercher pour nous rendre au contrôle antidopage. Je m'exécute et officie dans le flacon. Lorsque je commence, je constate que je pisse rouge. Abasourdi, j'interroge le contrôleur :

« Mais qu'est-ce qu'il se passe ? Je suis malade ?

– Vous avez mangé de la betterave ce midi ? » interroge-t-il, connaissant déjà la réponse.

Je confirme. À peine surpris, il m'explique : « Ne vous inquiétez pas... C'est juste de la betterave. »

Un peu avant la course des pros, l'un d'eux réclame mon attention. « Viens par ici, petit. Alors, hé, il paraît qu'il y a un contrôle ? » Autant dire que je me souviendrai de mon premier contrôle de ma vie…

48

Le dopage ? Regardez mon palmarès...

Mon dopage sur le Tour de France 1984 ? J'avoue tout. Voici les ingrédients que j'ai pris, tous autorisés par le règlement : joie de vivre et insouciance. Basta. Je ne me posais aucune question. J'étais simplement heureux de vivre. A-t-on mis une substance dans mon bidon ? Je ne crois pas. Je n'ai pas vu une équipe organiser un dopage en son sein. Et, vu la haine féroce que je porte à Cyrille Guimard, je le dirais volontiers si j'avais assisté à quelque chose de suspect. Franchement, je ne cacherais rien. Et puis, regardez mon palmarès. Si j'avais pris des trucs, c'est que je n'étais pas fort !

J'ai arrêté ma carrière avant le règne de l'EPO. J'avais des propositions d'autres équipes afin de poursuivre mais je voulais régler le litige avec Guimard parce qu'il voulait m'entuber. J'avais 28 ans quand j'ai dit stop. Est-ce que si j'avais continué, j'aurais cédé, comme beaucoup d'autres ? Peut-être serais-je rentré dans le moule, oui, peut-être. Je n'en sais rien même si je ne le pense pas. Le dopage se serait très mal accordé avec ma nature de bon vivant. Je ne l'ai jamais caché, j'aime bien manger et boire un petit coup. Je n'ai jamais voulu me détruire la santé pour le vélo. Au contraire. Au fond, ma nature profonde n'était pas faite pour ce métier, si sévère, sur le plan physique comme sur le plan psychologique. Je n'avais pas tellement envie de cette vie de coureur où tu es tout le temps barré de chez toi. Et puis je n'ai à aucun moment recherché la performance à tout prix. Le cyclisme est une discipline terriblement exigeante, elle réclame d'énormes sacrifices, si bien que je ne cracherai jamais à la figure d'un coureur rattrapé par la patrouille. Après, chacun fait ce qu'il veut avec son corps, à ses risques et périls…

À Giberville près de Caen, dans la cour de la maison avec mon premier vélo.

Est-ce que ce jour-là, j'ai demandé au Père Noël de m'offrir un Maillot Jaune ? En tout cas, le petit « Lyonnais » à mes pieds est déjà là.

Avec plein d'admiration dans les yeux pour mon frère Jean-Jacques, à la fin d'une course.

Première victoire en minimes à Saint-Cyr-du-Ronceray.

1975.
Champion de Normandie de cross-country.
Quelle allure !

Champion de Normandie cadets
à Aunay-sur-Odon sous les couleur de l'UV Caen.

Ci-contre, mon sprint victorieux
à Carcassone devant Patrick Camus
et un certain... Charly Mottet.

Champion de France juniors, vainqueur
du Premier Pas Dunlop à Carcassonne.
Ci-dessous, avec ma mère Georgette
et mon père Henri.

Bataillon de Joinville. Au garde-à-vous on garde le moral ! Avec mon père, venu me soutenir et m'entraîner pendant mon séjour au mitard.

Une conversation très intéressante avec Yves Hézard, le directeur sportif de l'équipe de France, pendant le Tour d'Italie amateur.

L'effectif Renault-Elf au grand complet et motivé pour la saison 1983. Bernard Hinault et Laurent Fignon au premier rang. Et moi, saurez-vous me reconnaître ?

Victoire à Vitrolles lors du Tour de l'Avenir 1983.

Beau comme un néo-pro chez Renault !

1983, j'ai 21 ans. Et signe ma première victoire professionnelle sur le Circuit de la Sarthe.

Poignet fracturé. L'installation « ingénieuse » de mon père pour que je puisse, malgré tout, maintenir ma condition physique, en vue de ma participation au Tour de France 1984.

Entre Béthune et Cergy-Pontoise, notre longue échappée ira jusqu'au bout, avec Maurice Le Guilloux et le « suceur de roues » portugais, qui nous aura bien endormis au sprint !

Fierté. Mon premier podium en jaune.

3 juillet 1984. À l'arrivée à Cergy-Pontoise, changement de vie : mon histoire d'amour avec le Maillot Jaune commence !

Clin d'œil du destin. À Nantes, le départ de l'étape est donné à 50 mètres de la maison familiale de mon père. Photo souvenir avec ma grand-mère Marie, mon oncle Jacky, et sa fille Élodie, bandeau Renault sur la tête.

Rencontre entre Normands, avec Michel Hidalgo. « Prends du plaisir, Vincent. Rien que du plaisir ! », me répétait l'ancien sélectionneur de l'équipe de France de football. Ah. Si j'avais pu l'avoir comme directeur sportif...

Contre-la-montre de La Ruchère. On a enfin retrouvé mon vélo ! Je peux tout donner. Affûtée, la bête...

Après dix jours en jaune. Laurent commence à perdre patience et me fait fumer le cigare.

Arrivée au sommet de Guzet-Neige. Mon exploit : résister aux meilleurs en montagne.
J'ai de la tendresse pour cette photo : dans la même équipe, et je ne suis pas sûr que cela se soit reproduit, les plus beaux maillots du vélo avec le Jaune, l'arc-en-ciel (champion du monde) et le bleu-blanc-rouge (champion de France.)

L'Alpe d'Huez. Passation de pouvoir. Laurent récupère son bien et fin de l'aventure en jaune.

Cette épopée en jaune m'a épuisé. Vivement Paris.

our de France 1989. Côte de Saint-Antoine. Le feu d'artifice peut commencer. J'ai bien fêté le bicentenaire de la Révolution française.

Marseille. Retour de gloire. Quand un Normand triomphe sur le Vieux-Port, un 14 juillet en plus...

Caen. Réunion sur piste d'après Tour au vélodrome de Venoix. Retrouvailles avec mon idole et ancien coéquipier Bernard Hinault.

Escapade d'une saison en Hollande sous les couleurs de PDM.

Avec Greg, amis pour la vie.

Greg dans sa super Mercedes chez lui à Courtrai en 1985. La fameuse Mercedes qu'il m'offrira quatre ans plus tard, à l'arrivée du Tour de France.

Midi Libre 1990. Ma dernière victoire chez les pros à Castelnaudary, et comme à Marseille, devant mon copain Jean-Claude Colotti.

1990. Dernier Tour de France, dernier tour d'honneur sur les Champs-Élysées avec mon fils Grégory.

ESPRIT DE FAMILLE

49

Le long coup de pédale de mon père pour sa bague de fiançailles

Ils ont la vingtaine quand ils se rencontrent. La Seconde Guerre mondiale s'est achevée il y a peu. Il habite Nantes, dans un petit pavillon proche de l'église Sainte-Thérèse, elle réside à Caen. Il fait une partie de son service militaire à Caen. Un soir, un bal populaire à Carpiquet, en plaine de Caen. Il effectue une patrouille nocturne. Elle est venue au bal à vélo, avec ses sœurs. Dans la vie, il est ouvrier, elle travaille comme serveuse dans un restaurant. Lui, c'est Henri, elle, c'est Georgette. Le courant passe bien, ils se plaisent. Henri est né en 1928, c'est l'aîné d'une grande fratrie : il a trois frères et trois sœurs. Henri Barteau. Il craque pour Georgette Boutrois, sa cadette de deux ans. Elle n'a plus que des sœurs. Ses trois frères sont morts au combat. Jeunes, si jeunes, trop jeunes. En résistants, en héros. Ils ont d'ailleurs une rue à leur nom, à Caen, la rue des Frères-Boutrois, qui leur rend hommage. Parce qu'ils le valent bien. Achille, Émile et Michel, tous trois cheminots au dépôt SNCF de la gare de Caen, multiplient les sabotages sur le matériel roulant mis en réparation par les Allemands. Ils font tomber, une nuit, une locomotive dans la plaque tournante de la gare. En mai 1944, dénoncés, Achille, né en 1919, et Michel, né en 1925, sont arrêtés par la Gestapo au cours d'une rafle contre les résistants de la gare. Ils sont fusillés dans la courette de la prison de Caen le 6 juin 1944, en représailles de l'annonce du débarquement sur les côtes normandes. D'autres prisonniers de la maison d'arrêt subissent le même sort tragique.

Seul Émile, né en 1917, prévenu par l'une de ses sœurs, a pu échapper aux arrestations. Il se réfugie chez un couple d'amis pendant plus de trois semaines puis, apprenant la mort de ses deux frères, s'engage dans l'Armée française pour les venger. Il est tué d'une balle en pleine tête près de Thann, dans le Haut-Rhin, le 1er février 1945. Je pioche ces renseignements sur différents sites de référence d'historiens et de chercheurs évoquant les fusillés, guillotinés, exécutés et massacrés durant la Seconde Guerre. Comme l'un d'eux, par exemple, qui écrit à propos de Michel Boutrois : « Fils de Charles Boutrois, mécanicien au chemin de fer, et de Louise Jeanne Porée, sans profession, comme ses deux frères aînés, Émile et Achille, le jeune Michel Boutrois s'était très tôt engagé dans la Résistance. Ouvrier au dépôt SNCF de la gare de Caen, il appartenait à l'important groupe du Front national qui s'y était formé et multiplia les sabotages sur le matériel roulant mis en réparation par les Allemands. Il fut arrêté par la Gestapo le 15 mai 1944 avec quelques-uns de ses camarades du quartier de Vaucelles et interné à la maison d'arrêt de Caen où il retrouva son frère Achille. Tous deux figurèrent parmi les patriotes exécutés dans cette prison le 6 juin 1944. Son nom figure sur le monument des fusillés de Caen, ainsi que sur deux plaques commémoratives des personnels SNCF de la ville. » Une cérémonie est organisée chaque année à la prison de Caen en l'honneur des prisonniers fusillés.

Achille, Émile et Michel, vous l'avez compris, sont mes oncles. Je ne les ai jamais connus. Revenons à la rencontre entre Henri et Georgette, mes parents. Ils se plaisent, donc. À la fin du bal, Henri ne veut pas que Georgette rentre à la maison. Il lui court derrière, tente de la retenir par le porte-bagages. Déjà une histoire de vélo ! Il lui promet qu'il lui apportera une bague de fiançailles chez elle, à Caen. Il tiendra parole, Henri, effectuant ainsi, en vélo, la route entre Nantes et Caen avec la bague. Un voyage d'une traite ou avec une nuit de repos à Vire ? La légende ne le dit pas...

Toujours est-il que Georgette Boutrois est devenue Georgette Barteau. Après qu'il a été envoyé en Indochine, où l'un de ses copains de régiment a été tué sous ses yeux, ils se sont mariés et ont eu trois gamins : Jean-Jacques en 1957, Henri en 1960. Et puis moi, Vincent, né le 18 mars 1962, à Caen. Mes parents se sont d'abord installés à la Guérinière, un quartier très populaire de Caen. Je ne marchais pas encore quand mon père a construit la maison qu'on a longtemps occupée, à Giberville. Mes parents y sont restés jusqu'au bout. Nous l'avons quittée à tour de rôle, moi pour devenir cycliste, mes deux frères, même s'ils ont pédalé, choisissant un autre destin. Henri a été un maître-chien reconnu et respecté, passé notamment par les États-Unis, côtoyant et collaborant avec de grands noms internationaux du milieu canin, auteur de séminaires cynotechniques à l'étranger sur le chien de défense et le chien de recherche. Jean-Jacques, lui, a été chef du service de police de Giberville. Il a aussi été, rayon vélo, en tant que représentant de la ville, champion de France des employés communaux en 1982 et 1989, et champion de France police des vétérans en 2011 !

Cette maison de Giberville, on y était sacrément attachés. Mais, au décès des parents, aucun des trois frères ne se sentait de la reprendre. Trop de bons moments passés. Nous l'avons donc vendue. J'y suis retourné une fois, pour récupérer une amende qui m'y avait été envoyée. Les nouveaux propriétaires m'ont proposé de visiter la maison. J'ai hésité, puis accepté. Je n'aurais pas dû. Cela m'a fait mal au cœur : tant de souvenirs y sont liés.

50

Un tonton doué, qui battait les meilleurs au sprint, mais trop dilettante

Si mon père a participé au Premier Pas Dunlop, ouvert à tout coureur débutant et devenu plus tard officiellement le championnat de France juniors, c'est surtout l'un de ses frères qui s'est illustré à vélo. D'abord à Nantes, où la famille vivait. Jacky Barteau, 25 ans de moins que le paternel, et le plus jeune de ses frères, a connu une honnête carrière dans les rangs amateurs. Dans sa région, il a gagné toutes les courses. C'est d'ailleurs par Jacky que Cyrille Guimard entendra parler de moi pour la première fois. À l'affût des meilleurs juniors, Guimard me proposera de devenir stagiaire professionnel, me fournissant du matériel, me faisant changer de dimension avant de m'engager chez Renault.

Jacky avait du talent. Il aurait pu obtenir de meilleurs résultats mais il ne voulait pas consentir trop de sacrifices. La preuve qu'il en avait sous la pédale : sous les couleurs de l'ACBB, le club de Boulogne-Billancourt, il a été l'un des seuls à battre au sprint, par deux fois, Richard Szurkowski, notamment l'année où il est devenu champion du monde amateur, en 1973. Szurkowski (Ryszard, de son vrai prénom) a aussi été double vice-champion du monde par équipes, en 1973 et 1975, médaille d'argent du contre-la-montre par équipes, aux Jeux olympiques de Munich en

1972 et de Montréal quatre ans plus tard, empoché plus de 400 victoires, dont la Flèche d'Or, la Course de la Paix ou le Grand Prix de *L'Équipe*. De retour en Pologne, il sera élu président de la fédération polonaise de cyclisme.

Dès 7 ans, j'allais voir mon tonton courir, notamment pendant les vacances scolaires. Souvent Jacky gagnait. Il a remporté près de 250 courses en amateur, a enlevé Paris-Briare, a été en équipe de France militaire, est passé par le bataillon de Joinville. Très fort au sprint, il était un espoir du cyclisme français. Je suis sûr qu'il aurait pu percer mais il était un peu feignant, pris également dans les mafias locales, où l'on s'arrange pour décider du vainqueur contre un peu d'argent. Il déclinera une proposition de Peugeot. Il préférait rester amateur. Il courait souvent avec un autre nantais, Yvon Bertin. Qui, lui, passera pro, coéquipier de Bernard Hinault chez Renault-Gitane, vainqueur d'une étape du Tour d'Italie en 1980, deuxième de Paris-Roubaix en 1982 et Maillot Jaune une journée en 1980. Jacky Barteau avait d'aussi belles qualités qu'Yvon Bertin et il n'avait certainement pas à rougir de la comparaison.

51

Dormir dans une grange en attendant le passage de mon frère

Même si je n'avais pas toujours les deux mêmes chaussettes dans les godasses, j'ai pratiqué le football (je jouais ailier gauche) et la course à pied en club. Et je ne me débrouillais pas trop mal ; j'ai par exemple été champion de Basse-Normandie de cross. Mais très vite, puisqu'il fallait faire un choix, c'est vers le vélo que je me suis dirigé. Mes frères aussi en ont fait. Jean-Jacques était plutôt prometteur. Il est quand même resté, pendant douze années, classé en première catégorie, juste en dessous des professionnels. Conseiller municipal de Démouville, près de Caen, il a participé plusieurs fois au championnat de France cycliste des élus. Il a aussi été champion de France police des vétérans.

Nous n'avions pas les mêmes qualités. L'autre frangin, Henri, a donné dans le vélo mais ce n'était pas trop son truc. Il a vite arrêté : il en avait marre. Comme ils sont plus âgés, gamin, j'allais les voir courir. J'ai en mémoire une course à Loudéac, en Bretagne. Je dois avoir 10 ans. Le départ de celle de Jean-Jacques est à 10 heures. Nous étions partis la veille en famille. On s'était arrêtés dans une ferme. Le père avait demandé à l'agriculteur si on pouvait dormir dans sa grange. Le mec a accepté de nous héberger dans son hangar pour la nuit. On a dormi dans le foin, le sac de couchage dans la paille. La course passait juste devant la ferme. Je me suis réveillé quand j'ai entendu vibrer les haut-parleurs de la voiture propulsée en premier pour annoncer le passage des coureurs : « Attention, attention, la course est lancée… » J'ai baigné dans cet univers.

Puis, quand j'ai commencé à courir, on partait ensemble sur les courses, avec aussi le fils du voisin, qui courait. On rentrait à cinq dans la bagnole. Le père au volant, la mère était là, elle avait préparé le pique-nique, qu'on prenait dans les champs. Ma première course, c'était dans la Sarthe, près du Mans. J'ai terminé troisième, parce que j'ai été gêné pour le sprint dans le dernier virage. Je me suis rattrapé en devenant champion de Normandie cadets et juniors. On ne roulait pas sur l'or, c'est le père qui nous entraînait et se saignait pour qu'on puisse s'offrir du matériel correct. Jean-Jacques faisait ce qu'il pouvait sur un vélo. On l'attendait souvent longtemps les jours de course ! Fréquemment lâché, il arrivait juste avant la voiture-balai. C'est après, en junior, qu'il a commencé à progresser. Un jour, pour l'encourager, mon père lui a dit avant une course : « Écoute, Jean-Jacques, si jamais tu arrives dans les cinq premiers, je t'achète une mobylette. »

Alors qu'il finissait rarement dans le peloton, ce dimanche-là, à Lyons-la-Forêt, sans doute transcendé par l'onction paternelle, il a trouvé l'ouverture pour finir quatrième. Et mon père obligé de lui acheter une mobylette, ce qui fut fait deux jours après… Il était particulièrement motivé et, pour une fois, n'a pas connu d'épisodes malheureux en course. Souvent Jean-Jacques n'a pas été chanceux, se cassant même régulièrement la gueule. Il a continué et on s'est souvent entraînés ensemble, sous les ordres du père. Qui n'était pas peu fier. On partait pour des virées de 60 kilomètres, le père en mobylette puis en scooter, Jean-Jacques derrière, aspiré par le véhicule, et moi ensuite, pour davantage travailler car je m'apprêtais à devenir professionnel. Dans les côtes, je lâchais mon frère. Sur le retour du chemin de la grande vallée, le père pouvait prendre une voie cyclable. Jean-Jacques était à fond derrière tandis que moi il pouvait m'arriver d'être à la hauteur du père alors qu'il était en scooter !

52

Quand je n'attends pas mon père au rade et me cache

La modeste paye de mon père à l'usine passait dans l'achat de matériel pour que mes frères et moi puissions pratiquer le vélo dans de bonnes conditions. Son investissement ne se limitait pas aux achats. J'ai été marqué par les séances d'entraînement qu'il tenait à me faire enquiller après ses journées de boulot. Jeune père de famille, pourtant, je préférais, après le long entraînement tout seul le matin, faire une petite sieste avec mon gamin. Mais quand, dans le roulement de ses trois-huit au travail, il quittait la Société métallurgique de Normandie à 14 heures après avoir embrayé à 6 heures du matin, et qu'il avait envie que je remette ça, il m'était impossible de me défiler. Il ne me laissait pas le choix. Et nous partions en goguette. Il pouvait rouler à 50 kilomètres-heure dans les bosses, il trouvait ça normal et ne se rendait absolument pas compte de l'effort que cela me demandait. J'essayais de suivre tant bien que mal. Lui en mobylette, moi derrière à vélo. Il gardait sa Gauloise au bec en roulant, lâchant parfois le guidon pour mieux la tenir quand ça secouait sur le passage d'un chemin de fer. Surtout, ne pas perdre la clope.

Dans la vallée, où les bosses alternaient, j'espérais qu'il ralentisse un poil. Mais il ne le faisait que rarement. Il enchaînait sans ciller, ça allait vite et fort, et je devais suivre pour ne pas être largué. Parfois, heureusement, on empruntait des bosses plus tranquilles. Alors je pouvais baisser un peu la cadence. Mon père, comme un rituel, en profitait pour partir au plus vite au pied des côtes et rejoindre son rade en haut. Il se tapait une petite bière ou un muscadet rapidos avant de reprendre sa mobylette et la route lors de mon passage.

Un jour, dans cette fameuse côte où il s'arrêtait boire un canon, je n'ai pas baissé pavillon. Je n'étais pas si loin de lui. Plutôt que de ralentir l'allure, j'ai continué sur le même rythme et je suis passé devant sans m'arrêter. Il ne m'a pas vu passer. Et je me suis planqué deux cents mètres plus loin, à droite. Il a dû attendre un peu au bar, se demandant ce que je fichais, avant de chevaucher sa mobylette pour me chercher. Je l'ai vu passer à fond de gaz, pensant vite me rejoindre. Il a roulé, roulé, puis a constaté que je n'étais pas devant. Il a compris que je m'étais foutu de sa gueule et ça l'a vexé. Du coup, il est retourné direct à la maison. Et j'ai dû rentrer tout seul comme un con, vent de face, alors que j'aurais préféré le faire en restant abrité derrière son scooter.

Quand je l'ai retrouvé, il était à la cave, près du tonneau de cidre. « Mais qu'est-ce que tu as foutu ? » a-t-il attaqué, remonté. « Tu ne me refais pas ça », a-t-il insisté.

Cela m'apprendra, à me planquer…

53

Une naissance sous le sceau de l'inquiétude

Après le Tour de France 1984, terminé le 22 juillet, je suis en état de grâce. J'ai porté douze jours le Maillot Jaune. Et je vais être papa. Le mois d'août, outre la naissance de mon fils, est rythmé par la tournée des critériums. Une façon de faire fructifier mes bonnes performances. Je participe par exemple à la Polynormande, à Saint-Martin-de-Landelles, dans la Manche, dont l'enfant du pays est le speaker officiel du Tour, Daniel Mangeas, qui a créé la course. Je gagne la Polynormande devant Éric Caritoux et le Belge Claude Criquielion, qui allait devenir champion du monde sur route cette même année à Barcelone. Les critériums constituent une bonne rente. Vu ma nouvelle notoriété glanée sur le Tour, j'obtiens l'équivalent de 1 500 euros par participation. Entre deux courses, j'assiste à la naissance à Caen de Grégory, le 14 août. J'aimerais rester auprès de Béatrice et de mon fils mais le devoir m'appelle. Les critériums d'août constituent un gagne-pain. Mais, alors que je suis en pleine tournée, dans l'Aude, ma femme m'appelle. « Il y a un souci avec le petit. Sa tête est raide. Et les médecins sont interpellés par son teint gris… »

Au vu de l'urgence de la situation, je prends immédiatement un avion pour être auprès de Béa. Lorsque je rentre dans le bureau du médecin, il me demande de m'asseoir. Pas bon signe...

Le poids de Grégory est faible. Il a une méningite bactérienne néonatale, soit une inflammation des méninges due à un envahissement bactérien. C'est un cas rare. Parmi les symptômes : irritation du système nerveux central et anomalies des nerfs crâniens. Des antibiotiques lui sont administrés. Le diagnostic repose sur la ponction lombaire. Le pauvre, il y a droit, avec donc piqûre par une grosse aiguille dans la colonne vertébrale alors qu'il n'a que quelques jours. Il reste un mois en soins intensifs, dans une couveuse. Nous n'avons pas le droit de le ramener à la maison.

Cette période est lourde. Je suis triste, je n'ai pas le moral. Je suis retourné sur les critériums, qui ont lieu tout le mois d'août, car il faut bien gagner sa vie, mais j'ai la tête ailleurs. C'est dur pour Béa aussi, naturellement. Je pleure souvent. La fatigue nerveuse, le stress. Je n'ai que 22 ans, nous sommes de jeunes parents. Nous sommes heureusement bien entourés par la famille et nos proches. En revanche, aucun soutien de la part de Cyrille Guimard, mon directeur sportif : pas étonnant, il n'a aucune psychologie. Bonne nouvelle : l'état de Grégory s'améliore rapidement. Nous étions inquiets pour sa santé. On craignait des séquelles, un handicap. Mais, dès le deuxième mois, nous avons été rassurés. J'ai repris l'entraînement. Le matin le plus souvent. L'après-midi, je préfère rester avec mon fils. J'aime faire la sieste avec lui, sauf quand mon père, de retour de l'usine, m'incite à une nouvelle séance d'entraînement, où je dois suivre sa mobylette à vélo.

Grégory s'est très bien développé. Aujourd'hui, physiquement, c'est une bête. Il est coach sportif à la Réunion.

Il a aussi tâté du football et du vélo, courant même avec Cadel Evans, futur champion du monde et vainqueur du Tour de France.

54

Le Tour de Nouvelle-Calédonie avec Grégory

Mon fils a pratiqué le vélo plusieurs années dans différents clubs. Parmi ses souvenirs hors norme, Grégory a été sélectionné afin de participer au Tour de Nouvelle-Calédonie. Dix jours d'efforts dans un décor de carte postale. L'épreuve est organisée par Gérard Salaun, président du Comité régional de cyclisme, par ailleurs mari de la sprinteuse Félicia Ballanger, cinq titres mondiaux de vitesse et du 500 mètres contre-la-montre, championne olympique de vitesse aux JO de 1996 à Atlanta, de vitesse et du 500 mètres aux JO de 2000 à Sydney. Quand il s'est renseigné pour savoir si le Barteau en question avait un lien de parenté avec moi et que cela lui a été confirmé, il m'a invité. Je ne me suis pas fait prier. Au téléphone, il m'a d'abord demandé quelle somme je voulais pour venir. Il n'était pas question de réclamer quoi que ce soit. Gérard Salaun m'a ensuite sondé pour savoir si, au vu de la longueur du voyage (le temps le plus court pour un trajet Paris-Nouméa est de 27 heures et 35 minutes avec escale au Japon !), j'aspirais à être en business. J'ai décliné, pour être avec Grégory et le reste de l'équipe. Dans l'avion, mon fils se trouvait devant moi. C'était long, bien long, je me suis dit que j'aurais dû accepter la proposition. Au milieu de la nuit, je me lève, je tire le rideau et je repère deux places de libres dans la classe au-dessus. Je réveille, difficilement, Grégory et je lui propose de nous rapprocher mais de retourner vite fait à nos places avant l'atterrissage, si possible juste avant que la lumière ne se rallume. Nous nous installons. On est bien et on s'endort d'un coup. Très profondément. L'une de nos voisines se réveille quelques heures plus tard et tape un scandale pour que l'on dégage, ce qu'on a fait immédiatement, bien sûr.

Sur place, Gérard Salaun a été aux petits soins pour nous. Il nous a même proposé, à Greg et moi, de rester une semaine de plus après la course, nous laissant un bel appartement avec une vue panoramique ainsi qu'une voiture. En revanche, pour le voyage retour vers Paris, j'ai demandé s'il était possible d'avoir deux places en business, pour Grégory et moi, d'autant que, je l'ignorais, la compagnie était sponsor de l'événement. Il a accepté : mon premier vol en business. J'ai kiffé. La taille du siège, le caviar servi. Et les douches à Tokyo, durant l'escale !

55

Charlotte au sein de la caravane du Tour

Ma fille Charlotte, née en 1987, aujourd'hui mère de trois merveilleux enfants (Oscar, Madeleine et Philippine) et responsable régionale des ventes chez EDF dans le sud de la France, ne m'a jamais vu courir. Mais elle a participé au Tour de France. En effet, elle a pu, une année, être hôtesse au sein de la caravane Caisse d'Épargne, à 21 ans. Elle était en école de commerce à Toulouse et découvrait l'événement pour la première fois depuis l'intérieur, elle qui m'entendait le commenter. Nous nous sommes croisés puisque je travaillais pour l'un des partenaires du Tour, animant à ma manière cette 21e équipe officieuse. Les trois semaines de voyage dans la France et même à l'étranger (l'épreuve a traversé d'autres pays) ont plu à Charlotte. Tout en distribuant des maillots et des casquettes, elle a eu l'occasion d'apprécier la bonne ambiance et l'état d'esprit qui règnent. Depuis le temps qu'elle entendait parler du Tour...

56

Le marathon de New York avec Amandine ?

Née en 1995, Amandine, la cadette de mes filles, est restée dans la région. Elle est infirmière au bloc opératoire au CHU (centre hospitalier universitaire) de Caen. Prise par ses études, elle n'a pas pu profiter comme sa sœur d'une expérience sur le Tour de France. Mais Amandine est particulièrement sportive. Elle a besoin de se défouler, de faire du sport. Pas du vélo mais de la course à pied, comme moi plus jeune. Elle a déjà participé au marathon de Paris, a effectué des semi-marathons. Je cours parfois avec elle, pour l'encourager, l'aider à se préparer. Elle va essayer de participer au mythique marathon de New York, qui a lieu le premier dimanche de novembre, attirant près de 50 000 coureurs et plus de 2 millions de spectateurs. Et j'espère bien être prêt pour courir à ses côtés. C'est l'un de nos projets, de nos défis. Amandine est également, depuis cinq ou six ans, chef hôtesse au Stade Malherbe Caen, club de football auquel je suis abonné et dont j'espère qu'il retrouvera la Ligue 1.

57

« Je peux mourir tranquille. J'aurais su ce que c'était que la joie... »

Je ne pensais pas conserver le Maillot Jaune longtemps, même si j'avais un matelas de près de 18 minutes d'avance au classement général sur les favoris au soir de la cinquième étape. Dix-huit minutes, c'est à la fois peu et beaucoup. Sur le Tour, une défaillance est vite arrivée. En tout cas, je me suis pris au jeu. J'ai pu traverser ma Normandie natale avec la tunique sur le dos. J'ai passé Nantes, la ville natale de mon père, Bordeaux et Pau en jaune. J'ai réussi à garder cette si jolie couleur dans les Pyrénées pour ne céder le Maillot qu'à mon leader, Laurent Fignon, au sommet de l'Alpe d'Huez, au soir de la 16e étape. Près de deux semaines passées en jaune à 22 ans : une expérience vraiment unique.

Quand je l'ai endossé pour la première fois, mon père pensait que je ne le garderais pas. Ou en tout cas que j'allais le perdre très vite. Comme tout le monde, en réalité, surtout à deux jours d'un contre-la-montre de 70 bornes et certes dix-huit minutes d'avance sur le peloton mais seulement une minute trente sur Maurice Le Guilloux... Alors il a décidé de me suivre sur le Tour, d'aller sur place jusqu'à ce que je le cède. Il a suivi son envie, son intuition. Il a lâché à ma mère : « Écoute, je vais le voir demain et je reviens le jour d'après quand il perdra son Maillot. »

Le départ de mon premier jour en jaune avait lieu de Cergy-Pontoise, pas si loin de la maison. Son organisation ? Minimaliste, surtout qu'il pensait, encore une fois, que l'expérience serait de courte durée. Il s'est contenté d'enfourner un vieux sac de couchage, un réchaud, quelques vêtements et affaires de toilette dans la voiture. La bagnole, je la connaissais bien, vu qu'il me la laissait conduire pendant mon service militaire : une Opel Kadett break blanche, avec un levier de vitesse qui ressemblait à un balai à chiotte ! Il y avait un rond et quatre vitesses.

Sur ce Tour, mon père avait 56 ans, il était tout frais retraité de la SMN, depuis début 1984. Il voulait profiter de l'opportunité et du temps libre qui était désormais le sien pour ne rien rater de mes exploits. Il ne tenait pas à aller à l'hôtel. Donc il dormait dans sa voiture. Réveillé à la lumière du jour. Pour lui, c'était l'aventure. Il est parti la fleur au fusil. Une première nuit près de Paris, les autres où il pouvait. Une fois, néanmoins, lors de l'étape Alençon-Le Mans, il est rentré à la maison, pour profiter d'un vrai lit, retrouver ma mère et se ravitailler. Il a fonctionné avec les moyens du bord et justement ses petits moyens. Il pouvait lui arriver de se mettre au bord de la rivière, à la fraîche, pour se raser. Puis il allait se chercher un petit rade en ville pour boire son café tranquille. Ensuite il roulait jusqu'à l'arrivée de l'étape suivante. Il tenait à être au plus près de son fils. Je l'ai très peu vu mais je savais qu'il était là. J'étais concentré sur la course, trop pris par le truc pour mesurer ce qu'il accomplissait. Je l'ai parfois aperçu quelques secondes aux arrivées mais ça suffisait à son bonheur. On a pu quand même échanger brièvement. Mais on ne pouvait pas s'appeler : les portables n'existaient pas. Et je ne savais pas toujours quand il venait.

Il n'a réclamé aucun passe-droit, aucun traitement de faveur alors qu'il aurait pu convaincre des membres de l'équipe de m'approcher à l'hôtel, même s'il n'avait pas d'accréditation. « Tiens, on a vu ton père, il est venu boire un petit coup avec nous », m'ont lâché les mécanos. Bernard Quilfen, le directeur sportif adjoint, lui a proposé plusieurs fois de l'héberger. « Le père Barteau, viens dormir, on va te trouver une chambre », lui a lancé l'adjoint de Cyrille Guimard. Le fidèle équipier de Bernard Hinault, vainqueur d'une étape au Tour de France en 1977 après une longue échappée, le connaissait. Mais mon père avait envie de tranquillité. Il ne voulait pas gêner. Et tenait à profiter de son indépendance.

Quand il est revenu à la maison, il a dit à ma mère : « Eh bien maintenant je peux mourir tranquille. J'aurais su ce que c'était que la joie… » Il le lui a répété plusieurs fois.

Mes deux semaines en jaune ont été deux semaines de pure joie pour lui. Ce fut sa récompense. Il a vécu mon bonheur par procuration. J'étais jeune, 22 ans seulement, je ne mesurais pas les efforts consentis par le daron. J'étais dans ma bulle. Avec plus de maturité, j'aurais sans doute profité davantage de son épopée à lui. Je la trouve magnifique de dévouement. Je reste aujourd'hui encore admiratif de ce qu'il a accompli. Ce qu'il a fait, il n'existe pas de mot pour le décrire.

Plus âgé, je me serais probablement plus battu pour pouvoir le voir après la ligne d'arrivée. À présent, davantage de familles de coureurs suivent leur rejeton sur le Tour. L'aventure est moins artisanale. Le confort des véhicules est plus moderne, la technologie a fait d'énormes progrès, ils ont tous la télé dans le camping-car. Mais ça reste charmant. En 2022, Claus et Karina Vingegaard, ont pu voir passer leur fils Jonas sur la route de l'Alpe d'Huez, devant le camping où ils venaient en vacances entre 2011 et 2015, au Bourg-d'Oisans, pour que leur champion puisse grimper les cols mythiques de la vallée à vélo. Ils n'ont rien inventé. Le pionnier est Greg LeMond. Il concevait le Tour comme une affaire de famille, si bien que sa femme et ses parents suivaient dans le camping-car.

58

L'heure du décès de mon père dans la voiture

J'éprouve tout de même un regret : quand mon père est tombé malade – une trachéotomie à la gorge, le début de la fin, et les séjours à l'hôpital qui s'enchaînent – je le voyais moins. Pas seulement parce que je n'acceptais pas sa maladie. Pour la première fois, je ne vivais plus en Normandie mais dans le Vaucluse, précisément à Pernes-les-Fontaines. Entre Carpentras et L'Isle-sur-la-Sorgue mais avec un parfum de Tour de France quand même : c'est au sud du mont Ventoux ! D'ailleurs, un jour que je suis allé chercher le journal, je découvre une grosse affiche qui annonce justement le titre du quotidien local : « Un ancien Maillot Jaune habite Pernes. » Je m'étais installé près de ma première femme, Béatrice, et mère de mes deux premiers enfants. Béa était tombée malade et je voulais me rapprocher d'elle. J'y suis resté trois-quatre ans. Nous tenions dans un petit périmètre puisque, avec Véronique, ma nouvelle femme, nous avions emménagé juste en face, à proximité aussi de mes ex-beaux-parents. On avait coupé la haie pour que les enfants puissent aller plus facilement d'une maison à l'autre ! Ma fille Charlotte vit toujours là-bas.

Bref, je m'étais éloigné de mes parents momentanément. Ils vieillissaient et forcément, du fait de l'éloignement, j'allais moins leur rendre visite. En mai 2006, mon fils aîné Grégory participe à une course d'amateurs en Ardèche, pas loin de la maison. J'y assiste, en tant que premier supporter. Dès que je le pouvais, j'allais le voir courir. Comme mon père avec moi. Lorsqu'il a disputé une course par étapes autour de Vaulx-en-Velin, près de Lyon, et alors que moi j'avais les moyens de dormir à l'hôtel, j'ai préféré le suivre en dormant dans la voiture. J'ai adopté la même attitude que mon père quand j'ai décroché le Maillot Jaune.

En Ardèche, nous sommes à six ou sept kilomètres de la ligne d'arrivée, Greg est dans le groupe de tête et il se met à pleuvoir très fort. Je me dirige vers la Peugeot 308 break pour chercher des vestes, afin de me protéger et pour le couvrir lui une fois la ligne franchie. Quand je pénètre dans l'habitacle, machinalement, je regarde l'heure qui s'affiche sur le compteur. Puis je repars, les vestes à la main. La course se termine, Greg se change et je commence à rouler depuis l'Ardèche. Retour à la maison. Sur l'autoroute qui nous ramène à Pernes-les-Fontaines, je reçois un appel de mon frère. « Salut Vincent. Papa ne souffre plus : il est décédé. »

Il m'indique l'heure du décès. Précisément celle, et ça m'a marqué, qui s'est affichée dans la voiture quand je suis retourné chercher des vestes pour nous protéger de la pluie. Et que j'ai regardé sans raison.

J'ai chialé tout le long du trajet final. Mon fils, sur le siège passager, me passait la main derrière la nuque. Oui, vraiment, j'ai regretté de ne pas avoir été à côté de mon père, présent à son chevet à l'hôpital. C'est dur, cela m'a fait chier de ne pas être auprès de lui…

59

Ma mère s'éteint dans mes bras

Pour ma mère, Georgette, en revanche, j'étais là. C'est arrivé sept ans après la mort de mon père. Elle était à l'hôpital, je lui tenais la main. Elle sentait que c'était la fin. Elle se déplaçait avec peine, chaque geste anodin demandait beaucoup d'efforts, elle qui était si dévouée, si fière, si débordante d'énergie. Ma mère souffrait d'insuffisance cardiaque. Elle avait demandé à sa sœur de venir de Bordeaux. Le lendemain de son arrivée, elle rentrait à l'hôpital. Placée sous oxygène. Mon frère Jean-Jacques nous y a tous emmenés. Nous étions là depuis deux trois heures quand mon frère, ma tante et mon oncle se sont levés avec l'idée de retourner à la maison pour lui ramener quelques affaires. Je suis donc resté seul auprès d'elle. Je lui tenais la main. Elle manquait d'oxygène, n'arrivait plus à respirer.

Vingt minutes plus tard, alors que je me trouvais toujours seul à ses côtés, elle a rendu son dernier souffle. Elle est soudain devenue blanche comme une feuille. Je lui ai retiré le masque, elle était décédée. La situation était étrange et surréaliste. Je pense qu'elle a dû sentir que nous n'étions que tous les deux et elle s'est laissée partir. Ma mère est morte dans mes bras, le 31 octobre 2013. Elle avait 82 ans.

Elle m'a mis au monde et c'est moi le dernier qui l'ai vu partir… Cette image me taraude, j'y pense souvent.

60

« Toi papa, le meilleur entraîneur de France »

Mon père est mort le 8 mai 2006. À l'église, lors de l'enterrement, à Giberville, mon frère aîné Jean-Jacques a lu un texte qu'il a rédigé. Il me l'a renvoyé pour que je partage l'émotion avec vous. Je vous en livre quelques extraits, qui permettent de prendre la mesure du personnage qu'était mon père.

L'hommage débute ainsi : « Aîné d'une famille de sept enfants, tu as passé toute ta jeunesse à Nantes, où tu as appris avec ton père (parti bien trop vite, à 50 ans, de la même maladie que toi) à grandir, à t'endurcir plus vite que prévu, mais aussi à aimer la pêche, la chasse ou là encore tu voulais être le meilleur, le plus doué. Avec tes frangins, tu as chopé le virus du vélo. Passionné et déterminé, tu as participé à 17 ans en chaussures de ville et en collant de jockey au Premier Pas Dunlop, cette fameuse course dont tout coureur rêve car elle rassemble les meilleurs de France. Tu aimais à nous raconter les soirées mémorables avec tes frangins à refaire les courses, ces soirées bien trop courtes. » À propos de vélo, encore, Jean-Jacques ajoute : « Tu nous as communiqué ta passion et nous sommes rentrés dans la grande famille du vélo, où, là aussi, tu as su te faire apprécier, te faire écouter. Tu as su nous guider, imposer tes idées, tu nous as appris à souffrir sur un vélo avec tes méthodes d'entraînement "par n'importe quel temps à la flahute". Il est vrai que tout cela te paraissait si simple, parce que tu le faisais avec nous, au début sur ton vélo, puis avec ta mobylette. Et tu aimais à nous dire que le sport est la meilleure école de la vie, celle où tu apprends à te faire respecter et à respecter les autres, à devenir un gagnant, ce fameux mot qui a signifié beaucoup de choses pour toi. Malgré ton apparence, là aussi avec le cœur sur la main, tu n'hésitais pas à nous acheter du beau matériel. À prendre sous ton aile Patrick, Daniel, Bébert, pour les amener avec toi courir le dimanche. Ah ! ces fameuses journées passées sur les bords de la route où nous ne manquions de rien. Les fameuses nuits passées à coucher dans la paille la veille des courses. »

Jean-Jacques évoquait également le jour où je suis parti à 16 ans à vélo à Nantes pour aller voir la grand-mère, laissant un simple mot sur la table de la cuisine, avant de devenir champion de France juniors, ainsi que l'épopée sur le Tour de France 1984. « Et puis, à force de sacrifices, vient le jour de la récompense. Ce Maillot Jaune que les plus grands ont envié sans jamais l'avoir porté. Toi, simplement, tu l'as ramené à la maison avec le sens du devoir accompli. Mais c'est vrai que ce Maillot, tu es allé le chercher avec ta mobylette et le frangin, dans de longues, très longues sorties d'entraînement. Toi, le meilleur entraîneur de France. » Sa lecture se concluait ainsi : « En ce 8 mai, tu as raccroché ton vélo. Jour de ta délivrance, jour de victoire. Tu as signé pour ce départ mais toujours du côté des vainqueurs ! Au revoir. »

61

« Le nom des Barteau est enfin devenu immortel »

À compter de l'année 1976, et pendant six ans, mon père, dans un grand livre de compte, a scrupuleusement noté les résultats des courses des trois frères Barteau. Avec, par ordre d'apparition : Jean-Jacques, alors en senior première année, Henri, en cadet deuxième année, et moi, en minime. Une colonne avec la date, la grille, le nombre de kilomètres, le classement, les prix récoltés en francs et les primes. J'ai conservé précieusement ce journal de bord. Mon père agrémentait les tableaux de commentaires en forme de bilan. Comme celui à la fin de l'année 1980, après une course à Évreux fin septembre, que je vous retranscris : « L'adieu aux armes s'est fait ce dimanche où moi, Riri Barteau, j'ai emmené mes deux petits gars courir ensemble. Pourquoi ? Parce que Vincent allait nous quitter pour voler de ses propres ailes et partir au bataillon de Joinville. Je voulais que l'aîné soit là, que je vois une belle bataille. Nous n'avons pas failli à notre devoir. Vincent a fini premier, Jean-Jacques quatrième. C'est ça, ma famille, et j'en suis fier. Le nom des Barteau est enfin devenu immortel. C'est toute une vie de travail, d'argent et de beaucoup de caractère. Nous sommes fatigués mais heureux. Vive l'année 1980. Nous lutterons jusqu'au bout… » Suivi de sa signature et de la note du « directeur sportif », titre qu'il s'était auto-attribué, pour l'année sportive écoulée : 17/20. C'est après son décès que j'ai pu lire ce journal très personnel. En relisant ces mots, en recopiant les pattes de mouche de mon paternel, je ne peux m'empêcher d'être ému.

CYRILLE GUIMARD

62

L'humiliation à la course

Même si j'en voulais à Cyrille Guimard de la fin brutale de mon aventure chez Renault en 1985, alors qu'après avoir porté le Maillot Jaune il m'avait fait signer un contrat de cinq ans comprenant entre autres la carte essence, j'y suis revenu en 1989. L'équipe s'appelle alors Super U. Laurent Fignon, son leader, a favorisé mon retour. Pas seulement par amitié. Il voyait que j'étais en forme, que je pourrais l'aider sur le Tour. Laurent est particulièrement impliqué dans l'équipe. Avec Guimard, il a déniché le sponsor après avoir créé ensemble une structure leur appartenant, l'association sportive France Compétition, avec la régie publicitaire Maxi-Sports Promotion. Ce type d'organisation, nouvelle, sera d'ailleurs repris par d'autres équipes cyclistes. La création de l'association était due au règlement fédéral, lequel obligeait les structures professionnelles à avoir une structure amateure pour origine. France Compétition était ainsi présidée, bénévolement, par le journaliste et voix du Tour Robert Chapatte. Bref, pour la saison 1989, je retourne chez Guimard. Il faut savoir que Cyrille s'entretenait beaucoup. Il prenait soin de lui, participait à des semi-marathons et des marathons.

En m'engageant contractuellement dans ses bureaux à Palaiseau, dans l'Essonne, clairement pas le même décor que le bureau de Bernard Tapie avenue de Friedland où j'avais signé deux ans plus tôt, j'avais remarqué des photos de Cyrille Guimard en action en train de courir, accrochées un peu partout. Un cliché en noir et blanc m'avait particulièrement marqué : lui en train de disputer une course nocturne mais équipé de lunettes de soleil. J'avais trouvé cela curieux et un peu mystérieux de cacher ainsi ses yeux. Pour le taquiner un peu, je lui ai lâché : « Dis donc, tu cours bien, Cyrille. T'es pas mal, à la course... » Aussi sec, cigarette au bec, Guimard m'a lancé : « Quand tu veux pour un 5 000 mètres ! »

Le pauvre, il devait ignorer que j'avais participé à beaucoup de cross dans ma jeunesse. Et plus que participé : je dois avoir une trentaine de victoires en courses à pied. J'ai été champion de Basse-Normandie de cross chez les benjamins puis chez les minimes. Je gagnais tous mes cross. Je carburais en 3 minutes 28 sur 1 200 mètres, en 5 minutes 50 sur 2 000 mètres. Dans un cahier, j'ai conservé toutes les coupures de presse évoquant mes chronos et mes performances, soulignées par *Ouest-France, La Presse de la Manche, Le Pays d'Auge* ou *L'Éveil Côte normande*.

Provoqué par Guimard, j'ai naturellement relevé le défi. Lui était sûr de son fait. Convaincu de sa victoire, certain de me battre. Je pensais l'inverse. Je me faisais même la réflexion : « Pfff... Oh ! là, là, mais si tu me bats, j'arrête le vélo... »

J'ai alors 28 piges, je suis en pleine force de l'âge. Quelques mois plus tard, l'équipe Super U est en stage intensif à Rennes. Nous sommes au centre Louison-Bobet, qui comprend également une piste d'athlétisme. On vient de se taper une sortie d'entraînement de 200 bornes. Je suis rincé. Au dîner, alors que nous sommes tous à table, coureurs comme encadrement, Guimard me prend à témoin devant l'assistance. Il se lève de sa chaise, tape dans ses mains pour réclamer le silence. « S'il vous plaît, s'il vous plaît... Je vous demande une petite minute de silence. » Tout le monde s'arrête de parler. Il enchaîne. « Dis donc, Vincent, tu te souviens, le 5 000 mètres ? » Je réponds que oui. Alors que, pour être honnête, ça m'était sorti de la tête. Je l'avais titillé par esprit de contradiction, pour chambrer et parce que sa photo de lui courant de nuit avec ses lunettes de soleil m'avait interpellé.

« Eh bien Vincent, puisque tu te souviens, alors rendez-vous demain matin à 9 heures pour se défier. Ça te va ?

– Parfait, Cyrille. »

Pourtant, je n'ai sur place ni paire de baskets ni short autre que celui de cycliste. Les mécanos me prêtent de quoi courir. L'un d'eux faisait des footings pendant le stage pour garder la forme et il m'avait permis de m'équiper.

Le lendemain matin, après le petit-déjeuner, je fais ma petite toilette. La fenêtre est ouverte et j'entends quelqu'un souffler fort. C'est Guimard qui s'échauffe sur la piste, en petites foulées. Le duel peut commencer. Toute l'équipe est là. Les Fignon, Madiot and co chauffent l'ambiance. Ils se mettent à entonner *La Marseillaise*. Les mécanos et l'encadrement n'en perdent pas une miette.

Nous voici sur la ligne de départ, derrière la ligne blanche. Courbés, prêts à décoller. Façon finale olympique. Un coureur écarte les bras et tape dans ses deux mains : c'est parti mon kiki...

Cyrille Guimard démarre bien. Il part à fond. En pleine possession de mes moyens, je ne m'affole pas. Je l'avais d'ailleurs prévenu, et ça l'avait agacé : « Mon pote, non seulement je vais te battre mais, en plus, je vais te larguer et je vais revenir te chercher. Cela ne peut pas être autrement… »

Il court bien, rien à redire. Le tour de piste est de 400 mètres. Il court chaque deux cents premiers mètres à fond puis il casse le rythme en ralentissant un peu. Il tient la cadence. Il y a douze tours et demi à réaliser. Je ne force pas, je cherche mon rythme. Une fois que je l'ai trouvé, au bout de deux tours de réglage, je mets mon pouce sur mon nez en regardant les copains à chaque fois que je passe devant eux. Je fais le clown et reste calé derrière Cyrille. Je vois de la buée sortir de sa bouche. Il est en plein effort. À un moment, comme je ne suis pas loin de lui, je lui touche involontairement le talon avec ma jambe, pris dans sa foulée. Les potes sont morts de rire. Il essaie de me semer mais n'y parvient pas. Il souffle comme une vache. Il sent le pourri… Je le sens agacé. Il respire à bloc, je ne souffle même pas.

L'arrivée se rapproche. Alors je commence à attaquer. Et je lui mets un demi-tour dans la vue. J'ai sprinté sur mon dernier tour pour le larguer, comme je l'avais prévenu. Je franchis la ligne en vainqueur, devant les copains, levant bien haut les bras. Je lui ai mis une belle cacahouète ! Aussitôt, j'ai recouru pour aller chercher Guimard qui était de l'autre côté du stade. J'ai tenu mes engagements ! Je lui ai tapé sur l'épaule, lui annonçant : « C'est que tu ne cours quand même pas trop mal pour ton âge ! »

Je l'ai accompagné jusqu'à l'arrivée, l'encourageant d'un « C'est bien, mon grand » qui a dû encore davantage l'énerver… Tant mieux. J'ai fait le con sur la piste mais je me suis pris au jeu.

L'après-midi, pour se venger, lors de la sortie à l'entraînement, il m'a mis dans le groupe le plus relevé. Des groupes de cinq pour des contre-la-montre à fond de dix kilomètres. Sûr que, sur les 150 kilomètres, on a bien profité des routes du département ! J'avais un peu mal aux pattes, fatigué malgré tout par les 5 000 mètres du matin, d'autant que je n'avais pas couru depuis longtemps. J'avais les cuisses bleues. Mais je ne me suis pas défilé lors de la séquence des contre-la-montre et j'ai assuré les relais. Par orgueil. Guimard m'a bien fait chier mais je dois reconnaître que, en cette année 1989, j'ai gagné à Marseille sur le Tour de France. En tout cas, depuis cette humiliation rennaise sur la piste, Guimard a stoppé la course à pied !

63

Une semaine de primes en moins au Giro !

Au Tour d'Italie 1989, l'équipe Super U se présente avec neuf coureurs sur la ligne de départ : Laurent Fignon, Thierry Marie, Dominique Garde, Bjarne Riis, Jacques Decrion, Éric Salomon, Jean-Louis Peillon, Pascal Dubois et moi. Les rôles sont répartis. Chaque coureur a une mission afin d'épauler au mieux notre leader, Laurent Fignon. Il y a le sprinteur capable de gagner une étape, c'est-à-dire moi, le rouleur pour le protéger en course, le grimpeur qui va l'emmener dans la montagne, etc. La stratégie de Guimard a fonctionné puisque Laurent a remporté de belle manière le Giro, avec plus d'une minute d'avance sur Flavio Giupponi, plus deux minutes trente sur Andrew Hampsten et plus de cinq minutes sur Erik Breukink… Il est le troisième tricolore à le gagner après Jacques Anquetil (deux fois) et Bernard Hinault (trois fois). Lors de la 13e étape, notre équipier Pascal Dubois, qui remplit sa mission du mieux qu'il peut et essayait de bien me placer pour une victoire au sprint, est victime d'une chute sévère. Touché, il ne prend pas part à l'étape du lendemain tandis que, de mon côté, j'abandonne à la 15e étape, également du fait d'une chute.

Quelques jours après la victoire de Laurent, nous échangeons entre nous à propos des primes reçues. On se dévoile les sommes perçues individuellement après la répartition. « Pfff, attendez, moi je n'ai pas eu la même chose ! » constate Pascal. Je m'aperçois que je suis dans le même cas de figure. Cyrille Guimard avait décidé de nous retirer une semaine de primes. Incroyable. Parce que Pascal Dubois et moi avons abandonné sur une chute une semaine avant l'arrivée ? Probablement. C'est une honte. Quel manque d'élégance. C'est aussi ça, Guimard… Heureusement, un tel comportement ne pourrait plus exister aujourd'hui.

64

Une prolongation de contrat... sans contrat

Le 14 juillet 1989, je décroche l'étape entre Montpellier et Marseille sur le Tour de France. Trois jours plus tard, le 17, en plein Tour, Cyrille Guimard me fait prolonger. J'ai demandé un an de contrat, assorti d'une revalorisation salariale.

« C'est trop, ça fait beaucoup, se défend-il.

– OK. On diminue un peu mais on fait ça sur deux ans. »

Et c'est ainsi que l'on signe deux ans. J'ai négocié seul et sans agent ; je n'en ai jamais eu et, de toute façon, il n'y en avait pas à l'époque. Et puis Guimard s'occupe de tout : à la fois directeur sportif, manager et agent !

Mais si je signe deux ans, Guimard garde le contrat. Il avance la raison suivante pour ne pas me le donner : il manque la signature de Robert Chapatte, président de l'association sportive France Compétition, la structure amateure à la base de l'équipe. « Tu auras le contrat à la fin du Tour, ne t'inquiète pas », insiste-t-il. J'ai cependant une drôle d'impression. Le soir même, j'appelle ma femme. « Bon, j'ai resigné deux ans. Mais il ne m'a pas donné le contrat. Je suis sûr qu'il va vouloir me niquer... »

J'avais raison. Les mois défilent et toujours rien. C'est simple : je n'ai jamais reçu mon contrat ! Et pourtant, Dieu sait si je me suis battu pour le récupérer. Fou et parfaitement illégal. Guimard, qui prétendait souvent qu'« un contrat, ça ne veut rien dire, c'est la parole qui compte », a agi en connaissance de cause. Il a noyé le poisson, il a gagné du temps à chacune de mes demandes en argumentant que Castorama allait succéder à Super U comme sponsor de l'équipe, que c'était compliqué, qu'il n'avait pas toutes les infos car Casto était coté en Bourse, qu'il était peut-être plus pertinent pour moi de convertir une partie de ma rémunération en actions. Mais tous ses arguments, je m'en foutais. Je voulais ce qui m'était dû. Point.

Il ne pourrait, heureusement, plus se comporter ainsi. Coureur aujourd'hui, j'aurais immédiatement saisi l'UNCP, le syndicat professionnel des coureurs cyclistes français, dirigé par mon pote Pascal Chanteur. Et je serais allé jusqu'au procès, dénonçant rupture de contrat et faux commis dans une écriture publique, faits punissables d'années d'emprisonnement et de forte amende. Parce que j'ai saisi un avocat, Guimard a fini par me payer ce qu'il me devait. Mais j'ai dépensé énormément d'énergie dans cette bataille conclue par un accord à l'amiable, ne réclamant même pas de dommages et intérêts.

65

« Comment ça, comment ça ? Des menaces ? »

Le Tour de France 1990 est remporté par Greg LeMond, devant Claudio Chiappucci et Erik Breukink. La troisième victoire de mon pote. Je suis ravi pour Greg. Je termine à la 133e place, loin, très loin. Le leader de notre équipe Castorama, Laurent Fignon, a abandonné dès la 5e étape, entre Avranches et Rouen, posant un pied à terre à Villers-Bocage, pas loin de chez moi. Il avait chuté la veille à Pleine-Fougères, il avait mal au mollet droit, la pluie qui commençait à tomber augmentant sa douleur. Bref, l'ambiance n'est pas au beau fixe avec Cyrille Guimard. Un vrai bordel règne dans l'équipe. Nous ne sommes que cinq coureurs à rallier Paris et les Champs-Élysées : Pascal Simon, Luc Leblanc, Thierry Marie, Fabrice Philipot, qui termine à une très honorable 14e place et premier tricolore, et moi.

Je suis d'autant plus agacé que, malgré mes demandes répétées depuis un an, Guimard ne m'a pas donné mon contrat. Je sens venir le coup de Trafalgar. Le vendredi avant l'arrivée à Paris, l'étape s'arrête à Limoges et, le lendemain, ce sera un contre-la-montre au lac de Vassivière, toujours dans le Limousin. Luc Leblanc est l'enfant du pays. On boit quelques coups avec lui. Le Tour est quasiment plié, il n'y a plus rien à jouer. Bernard Quilfen, fidèle adjoint de Guimard, demande à me parler. « Si tu pouvais signer ailleurs et trouver un nouveau point de chute, ce serait pas mal. »

C'est le premier Tour de France de Castorama, qui a succédé à Super U. L'équipe cherche à faire des économies. Surtout, Guimard et Fignon ne s'entendent plus ; ils se sépareront l'année suivante après dix années de collaboration. Très calme, je réponds à Bernard, que j'apprécie : « Pas de souci, je peux m'engager ailleurs. Je veux bien me barrer mais tu dois sans doute ignorer qu'il me reste un an de contrat, même si j'ai du mal à l'obtenir. »

Bernard est surpris. Il pensait que mon contrat avec Castorama s'arrêtait en cette fin d'année 1990. Le Tour de France se conclut. Cela commence à sentir le roussi. Je n'arrive pas à parler avec Guimard. Il ne s'est même pas pointé à table au dîner à l'arrivée. Dès la fin de l'épreuve, qu'il termine dans un piteux état, il s'échappe en vacances avec sa compagne, une chanteuse à forte poitrine. Mon père et mes frères sont remontés contre lui. On devine qu'il va nous la faire à l'envers...

À son retour, une semaine plus tard, il m'appelle à la maison. Sur le téléphone fixe, avec le combiné et les fils qui s'entortillent. Je suis tranquille dans le salon.

« Il faut qu'on se rencontre, que l'on se voie, m'annonce-t-il.

– Pas de problème, Cyrille. Tu viens quand tu veux, je t'ouvre le portail de la maison. Tu te pointes et on discute. »

Puis, pour m'embobiner, il commence à me parler de Laurent Fignon. Je le coupe aussitôt.

« Hé oh ! ce sont vos histoires, avec Laurent. Cela ne concerne que vous deux. Mais tu sais quand même, de toi à moi, qu'il me reste un an de contrat ?

– Comment ça, un an de contrat ? Tu n'as pas de preuves... »

Mon sang ne fait qu'un tour. Je commence à l'insulter, à le menacer. « J'ai une baraque à payer ! Tu connais la famille Barteau, le père va t'attraper, il n'a plus rien à perdre à son âge ! » Guimard monte sur ses grands chevaux. Il veut me carotter, ça se confirme. « Comment ça, comment ça ? Des menaces ? » Et il me raccroche au nez. Le Tour de France s'est terminé une semaine plus tôt. Les critériums vont commencer et je sens qu'il ne va plus me faire courir...

66

Fausse chute au Tour du Limousin

Avant ce Tour de France 1990, Guimard nous a fait signer plusieurs feuilles d'émargement pour des critériums post-Tour. J'avais posé ma signature sur des documents vierges, ne connaissant pas encore les dates et ceux auxquels il déciderait de m'aligner. Rien de surprenant : avec Guimard, c'est toujours flou. S'il a évidemment des compétences, un œil averti et une démarche avant-gardiste sur certains aspects du fonctionnement d'une équipe, il ne possède aucune psychologie. Dans le management humain, il est zéro. Avec lui, c'est marche ou crève. De Laurent Fignon à Bernard Hinault, de Greg LeMond à Charly Mottet, combien de coureurs sont partis fâchés avec lui ? Il s'est très mal comporté vis-à-vis de moi. Il n'a pas respecté mon contrat de travail ; il ne me l'a jamais envoyé ! La dernière course de ma carrière illustre le délabrement de notre relation.

Je n'ai plus de nouvelles de Guimard après qu'il m'a raccroché au nez. Je ne cours plus, il ne me sélectionne plus. Pourtant, dans le dernier planning que je reçois, je constate que je suis remplaçant pour le Tour du Limousin, qui aura lieu du 15 au 18 août 1990. Je dois donc me tenir prêt, en cas de défection dans l'équipe. En attendant, je suis appelé à disputer une poignée de critériums en

Bretagne. Si je ne me présente pas au départ sans dispense médicale, je suis sanctionné financièrement, devant rembourser les organisateurs, puisque j'ai signé la feuille d'émargement auprès de Guimard bien avant. Je suis obligé d'honorer ces rendez-vous alors que je suis à court de condition physique. Le dernier auquel je prends part se déroule le dimanche 14 août en nocturne. La course se termine autour de 22 heures. Puis dans la foulée je rentre de Vannes, dans le Morbihan. Trois cents bornes jusqu'à Caen. J'arrive à la maison autour d'une heure du matin, avec femme et enfants. La messagerie de mon téléphone fixe clignote. J'enclenche la machine. C'est la voix de la secrétaire de l'équipe Castorama. « Bonjour Vincent, c'est Madame Pope. Tu dois venir au Tour du Limousin qui part ce lundi. Tu es sélectionné car Yvon Ledanois est malade. »

Guimard a encore frappé ! Les téléphones portables n'existent pas. Il pensait que je ne verrais pas ce message à temps. Il se couvre en faisant appeler au dernier moment par la secrétaire. Heureusement que je n'ai pas pioncé à Vannes, comme j'aurais pu. Dans sa tête, il s'est dit : « Barteau ne va pas venir. Il va dormir en Bretagne et commettre une faute professionnelle en ne se présentant pas au Tour du Limousin. Et comme ça, je vais pouvoir le virer. »

Mon sang n'a fait qu'un tour. Je suis en conflit avec lui et il essaie de me niquer. J'ai à peine dormi et je suis parti à l'aube, vers 5 heures du matin, dans le Limousin. Arrivée autour de 11 heures, départ de la première étape à 14 heures de Guéret, dans la Creuse. Pas question d'être à la faute.

Lorsque Guimard me voit, il semble surpris. Je n'ai pas le physique pour tenir les quatre étapes. Alors, dès la première, autour du 120e kilomètre, je chute. Volontairement. Je tape sciemment la roue d'un gars devant moi et je me laisse tomber. Quand Guimard entend la voiture de l'organisation annoncer « chute au peloton, chute au peloton, de Vincent Barteau », il rapplique illico. Lorsqu'il descend de bagnole, je suis allongé sur le brancard de l'ambulance. En l'apercevant, je ne résiste pas. Je lui adresse un doigt d'honneur. Et j'ajoute une insulte.

Il ne peut plus me piéger et me convoquer quand ça lui chante. Je suis protégé. Je suis en arrêt de travail alors que je n'ai rien. Qu'il est triste d'en arriver là. Ce Tour du Limousin 1990 fut ma dernière course professionnelle. J'ai ensuite engagé un conseil juridique et un avocat afin d'enclencher la partie judiciaire.

UNE CARRIÈRE QUI ME RESSEMBLE

67

Virée sur la plage au Baby Giro... et viré

Réservé aux coureurs amateurs, le Tour d'Italie espoirs est surnommé le « Baby Giro ». Francesco Moser, Marco Pantani ou Gilberto Simoni, par exemple, l'ont gagné. J'y ai participé en 1982. Au sortir de la 7e étape, nous avons une journée de repos. J'en profite avec les copains pour me détendre, d'autant que la plage n'est pas loin de l'hôtel. On y reste l'après-midi et, le soir, c'est la fête au village. Alors, on est quelques-uns à rester plus tard que l'horaire prévu fixé par le coach pour l'extinction des feux, histoire de bien récupérer. Je rentre autour de minuit, avec deux potes. Sauf que le sélectionneur de l'équipe de France, Yves Hézard, coureur qui a disputé sept fois le Tour de France et sera ensuite directeur sportif de La Vie claire, nous attend dans le hall. Et il n'est pas vraiment content... Pas content du tout, même. Il nous désigne du doigt et annonce : « Vous trois, demain, vous prenez l'avion et vous rentrez à Paris ! »

La vache, putain, viré des Bleus. Ça la fout mal pour la suite. En plus, il reste seulement quatre étapes. On a déconné, on a manqué de sérieux. On n'insiste pas, puisqu'on est en tort, alors on va se coucher. Le lendemain matin, ouf ! la colère d'Yves Hézard s'est apaisée. Au petit-déjeuner, il nous explique qu'il nous autorise finalement à prendre le départ de l'étape tout à l'heure. Il a bien fait : même si je me suis couché tard, je termine deuxième de cette 8e étape du Tour d'Italie amateurs, derrière un Russe.

Heureusement qu'Yves Hézard n'est pas rancunier. Il le prouve une nouvelle fois après notre arrivée à Rome, lors de la dernière étape. Il était satisfait de ses troupes, avec notamment une place sur le podium d'Éric Caritoux, qui sera vainqueur du Tour d'Espagne 1984. Comme l'avion ne nous ramène à Paris que le lundi après-midi, le directeur sportif emmène, ce dimanche soir, toute l'équipe de France en boîte de nuit !

68

Transi, j'enfile les chaussettes du masseur en guise de gants

J'ai souffert lors du Tour d'Italie 1989, abandonnant à quelques jours de l'arrivée après une chute qui m'a fait mal. Mais je garde encore en travers, la veille, l'étape dantesque entre Misurina et Corvara Alta Badia. Une étape sous la neige, qui s'est transformée, après avoir fondu, en pluie glacée. J'étais frigorifié, mes gants ne servaient plus à rien tellement ils étaient trempés. J'étais lâché dans la montée, on ne voyait plus grand-chose, l'étape a même failli être arrêtée. Laurent Loulier, le masseur de l'équipe Super U, était derrière moi. Je lui ai confié mes gants, qu'il a fait chauffer sur le tableau de bord. En échange, et en attendant qu'ils soient un peu plus secs, Laurent m'a donné sa paire de chaussettes. Que j'ai enfilé comme une paire de gants ! Cela n'a pas servi à grand-chose mais c'était gentil.

Je suis quand même allé jusqu'au bout de l'étape, même si, lors d'un long tunnel où nous étions une dizaine en nous engouffrant à l'intérieur, de vieux briscards sont montés ni vu ni connu dans la bagnole de leur directeur sportif pour se rapprocher de l'arrivée ! Une fois franchi la ligne, transi de froid, aucun mécano ou kiné pour me tenir le guidon, me pousser le cul sur la selle et m'accompagner à la voiture. Ils sont tous pris. Je suis incapable de faire un mètre de plus alors je laisse tomber le vélo par terre et file me changer. Je m'engouffre dans le bâtiment réservé à cet effet. Je vois un grand lit : il me tend les bras. Je me mets à poil et je me blottis sous les couvertures, à l'abri. Je ne sais plus où je suis. Frigorifié, tétanisé. Un soigneur a fini par me retrouver sous les draps et me ramener à la voiture.

69

Aux Mondiaux amateurs, je confonds les échappés avec les lâchés

Septembre 1982, 55e championnat du monde amateur sur route. Il a lieu sur le circuit de Goodwood, dans le sud de l'Angleterre. Je suis sélectionné pour représenter la France. J'aurais déjà dû disputer l'année précédente les championnats du monde juniors, étant champion de France. Mais, finalement, la compétition se déroulant en Amérique du Sud, la Fédération française de cyclisme n'avait envoyé personne. Et j'en avais été déçu. J'aurais rêvé me confronter aux meilleurs du globe de ma catégorie.

Ce sont mes premiers Mondiaux. Yves Hézard est le sélectionneur. Plus de 160 partants. La course démarre très vite. Une échappée anime l'épreuve. Les Allemands et les Russes sont aux avant-postes. Ils sont forts pour bloquer la course. Sur l'autodrome, on peut se dégager mais ça frotte dur. Dans le dernier tour, à quelques kilomètres de l'arrivée, nous sommes à la poursuite de l'Allemand de l'Est Bernd Drogan, qui tente sa chance seul. Je relève la tête avant le sprint. Dans la ligne opposée, dans l'autre autodrome à l'intérieur du circuit, je vois cinq coureurs. Je suis persuadé qu'il s'agit de fuyards. En réalité non, ce sont des coureurs lâchés, que Drogan vient de doubler et qui ont donc un tour de retard. J'ai confondu dans le dernier passage le petit peloton de coureurs attardés avec les échappés ! C'est un peu bête. Lors de l'emballage final, je les rattrape mais ça frotte de partout, tirage de maillot compris. Il y a déjà eu pas mal de chutes dans ces Mondiaux. Alors, au moment de passer la ligne d'arrivée, je freine un peu, pour ne pas tomber à mon tour. Par prudence, je ne dispute pas le sprint avec la même conviction et ardeur que d'habitude. Je suis persuadé d'être 13-14e au bout des 183 kilomètres.

Je m'arrête sur le côté, pose la main sur une barrière, juché sur mon vélo. Guimard est là. Ce n'est pas lui, le sélectionneur de l'équipe de France, mais il est mon directeur sportif, j'ai signé le contrat avec Renault pour la saison prochaine. Sa présence est naturelle, il y a aussi les pros le lendemain, course qui verra la victoire de Giuseppe Saronni devant Greg LeMond. Cyrille se rapproche de moi, il voit que je suis à peine essoufflé. Il attaque bille en tête, pas content :

« C'est quoi, ce sprint ?

– Bah, tu sais, Cyrille, ça frottait au sprint. Est-ce que ça valait le coup de tout donner pour être 10-12e plutôt que 13-14e ?

– Non, non, Vincent. Tu n'arrivais pas pour la 10e place mais pour la gagne.

– Pour la première place ?

– Hé oui. »

Au classement général, je termine 6e et premier Français. Nous sommes arrivés dans le même temps. Si par étourderie je n'avais pas confondu, j'aurais peut-être tenté un peu plus. Je pouvais certainement faire mieux, grimper sur la seconde ou la troisième marche du podium. Andreas Petermann, qui finit 5e, je l'avais battu au Tour du Vaucluse. À Bernd Drogan le maillot arc-en-ciel. Il finit cinq mètres devant moi. Il est tombé de fatigue après la ligne, tellement il s'est donné. Le second me devance d'une roue. Mais peut-être aussi que, sachant que je jouais pour la gagne, j'aurais été handicapé par le stress. C'est la vie… Je suis vite passé à autre chose, disputant dès le mois d'octobre le Tour de Floride, une sorte de récompense délivrée par la Fédération.

70

Plus de deux minutes trente à Marc Madiot sur contre-la-montre

Parmi mes innombrables succès chez les amateurs, j'ai une tendresse pour le Trophée des espoirs, que j'ai remporté en 1979 et en 1980. Je suis le seul à l'avoir gagné mes deux années de juniors. Pour s'imposer, il fallait être le plus régulier sur une quinzaine d'étapes. J'ai aussi enlevé la finale du Trophée des espoirs contre-la-montre. Une course d'un jour, un dimanche, avec un contre-la-montre de 37 kilomètres, le même pour les juniors et les seniors, qui partaient après nous. Et, à Saint-Hilaire-du-Harcouët, dans la Manche, j'ai mis deux minutes trente dans la vue au record de Marc Madiot, jusque-là meilleur temps des juniors, en 1977. Ma fierté se double par le fait que j'ai remporté le Trophée de 1980 en battant le meilleur temps des seniors qui, en plus, pouvaient partir sur un braquet libre, 53×12 ou 54×12 et rouler ainsi plus vite, alors que nous les juniors avions un braquet limité de 50×14. Battre tous les seniors alors que j'étais junior : cela prouve que je disposais de sacrées aptitudes sur contre-la-montre… Cela prouve aussi que, chez les pros, j'aurais dû être meilleur que ça sur l'exercice.

71

Une envie trop pressante qui cause ma perte

Lorsque le Grand Prix de la ville de Rennes 1983 s'élance, je compte parmi les outsiders, quand bien même il s'agit de ma première saison chez les pros. D'ailleurs, au briefing du matin, Cyrille Guimard rappelle que, s'il y a une arrivée au sprint, il convient de me protéger. L'équipe veut courir pour moi, c'est flatteur. À cinquante bornes de l'arrivée, j'ai soudain une furieuse envie de me soulager. Pile le moment où la course s'emballe. J'ai bien choisi, dis donc...

C'est parti, ça se met à rouler à fond jusqu'à Rennes. Je me retiens mais je commence à avoir mal au ventre. Arrivés dans Rennes, nous devons effectuer plusieurs boucles dans la ville de quelques kilomètres. En plus, on roule sur les pavés : ce n'est pas bon pour ma vessie ! Il devient de plus en plus difficile de se retenir. Je me tortille dans tous le sens, j'essaie tous les stratagèmes pour penser à autre chose. Guère efficace. Au deuxième tour dans la ville, je me mets en tête de chercher du regard un endroit discret où je pourrais m'abriter et enfin me soulager. Je ne vais pas tenir comme ça jusqu'à l'arrivée, la douleur est trop forte, l'envie trop pressante. Au troisième tour, je repère le lieu idéal, à l'écart des curieux. Je m'engouffre en vitesse dans une petite ruelle de Rennes, je pose le vélo et je commence à faire mon affaire. Personne à l'horizon. Oh que ça fait du bien par où ça sort ! Ça coule, et ça coule. Je ne peux naturellement pas repartir tout de suite : impossible de rattraper le peloton. Je choisis d'attendre le tour suivant pour me fondre dedans.

Voilà, ils arrivent... Je me replace, ni vu, ni connu. Il reste trois boucles à effectuer. Je suis dans la course pour l'arrivée au sprint. Allez, encore quelques efforts à fournir. Je redescends en queue de peloton, faut que je parle à Guimard. Je demande à une voiture de l'organisation de le prévenir. Les oreillettes n'existent pas encore dans le peloton ! Guimard se rapproche, je me porte à sa hauteur. Je veux le rassurer. Car je l'avais informé en course, alors qu'il me sondait sur mon état de forme, de ma volonté de pisser. Et sa réponse n'avait pas traîné : « C'est pas grave, fais dans ton froc ! » Je ne l'avais pas écouté, je fais toujours ça proprement. Alors je veux lui communiquer la bonne nouvelle : « C'est bon Cyrille, t'inquiète pas, ça y est, je me suis arrêté pisser. Tout va bien, on peut y aller. Hé, OK, j'ai loupé un tour mais personne ne m'a vu... »

Il ne bronche pas, pose sa main devant sa bouche et tousse. Il dit quelque chose mais je n'entends pas bien, avec le vent et la vitesse. Mais je lui répète que c'est bon, je me suis soulagé, on peut y aller et on va aller chercher la gagne. Au lieu de m'encourager, il me lance : « Écoute Vincent, tu vas gentiment sortir de Rennes et rouler une trentaine de kilomètres en passant par Cesson-Sévigné... » Je suis interloqué. Je ne comprends pas sa réaction. Tout ça pour un arrêt pipi... Comme d'habitude, je ne lâche pas l'affaire : « Mais pourquoi tu me sors ? Personne ne m'a vu ! » Cyrille se tourne alors vers moi, tousse encore et me présente la personne à côté de lui dans la voiture : « Heu, monsieur est commissaire de course... »

Si j'avais fermé ma gueule, j'aurais peut-être gagné le Grand Prix de la ville de Rennes !

LE FOOTBALL

72

Mon fils a joué avec Kylian Mbappé

Avant de rejoindre le centre de formation de l'AS Monaco, club au sein duquel il commencera son extraordinaire carrière professionnelle, Kylian Mbappé a été tout près de signer au Stade Malherbe Caen. Le club l'a courtisé durant trois ans et a manqué le coche de peu. Kylian brille alors à l'AS Bondy, en région parisienne, et va bientôt rejoindre l'INF Clairefontaine. Il attire déjà les cadors, principalement le Real Madrid et l'AS Monaco mais aussi Chelsea, Manchester City, le Paris Saint-Germain. Caen est dans la bataille, l'observe, noue des contacts réguliers avec ses parents, formule une proposition, noue même un accord de principe. En 2011, Kylian, 13 ans, est invité à participer à un essai avec Caen lors d'un tournoi à Nantes, l'Atlantic Cup. Caen, Toulouse, Marseille et Nantes y prennent part. Sur une photo avant le coup d'envoi, que l'on trouve facilement sur Internet, il pose en bas à gauche tout sourire, avec le maillot de Caen. Quatre joueurs plus loin, sur le même cliché, une tête blonde, bouche fermée. C'est mon fils Matthis. Qui allait remporter le tournoi avec Mbappé. J'ai une photo de Matthis avec Kylian et les potes, allongés sur la pelouse, touchant le trophée aux faux airs de Coupe du monde. J'étais dans les tribunes durant le tournoi. J'ai vu Mbappé briller ! J'ai même le souvenir de lui avoir payé un petit Coca à la fin de la rencontre car je pensais que personne ne s'occupait de lui.

Défenseur latéral capable d'évoluer sur les deux côtés, Matthis a été formé à Malherbe, où il est resté de 9 à 19 ans. Gamin, il était aussi, comme moi, doué à la course. Il a été champion de cross benjamin de Basse-Normandie mais, entre le football et l'athlétisme, son choix a été vite fait. Après Caen, il a joué pour pas mal de clubs en Normandie mais aussi à Bergerac et à Chartres, en National 2. Lors d'un match contre Le Mans, il s'est hélas très sérieusement blessé, avec notamment une rupture des ligaments croisés. Il s'est fait opérer une première fois à l'hôpital de la Pitié-Salpêtrière par le Pr Khiami, qui s'occupe des joueurs du Paris Saint-Germain. Mais il en est ressorti avec un important flessum du genou. Puis Matthis a bénéficié de l'intervention du chirurgien lyonnais Sonnery-Cottet, qui a soigné pas mal de Bleus et a également opéré Zlatan Ibrahimovic, Karim Benzema, le rugbyman Mathieu Bastareaud ou le skieur Alexis Pinturault. Le spécialiste du genou au centre orthopédiste Santy à Lyon est très sollicité et je remercie Jean-Pierre Bernès, le célèbre agent de joueurs, et son frère Patrick de m'avoir mis en rapport avec lui. Grâce à leur recommandation, Matthis a donc pu se faire opérer une seconde fois. Et le Dr Sonnery-Cottet lui a remis la jambe droite, faisant disparaître le flessum. Depuis, Matthis se bat pour revenir. Pour le renforcement de son genou, il pratique aussi du vélo, sur les conseils de son médecin, et j'essaie d'aller rouler avec lui. Malheureusement, dans le milieu du football, où la concurrence est intense, lorsque tu es blessé, cela devient vite compliqué. Mais, à 24 ans, Matthis garde toujours espoir et s'entretient pour être prêt à relever un nouveau défi.

73

Je prête mes gants à Bernard Lama

Au bataillon de Joinville, à Fontainebleau, j'ai côtoyé de nombreux sportifs, notamment des footballeurs : ils partageaient le bâtiment des cyclistes. Parmi les joueurs faisant leur service militaire en même temps que moi, troquant le survêtement pour le treillis, il y avait José Touré. Le futur international, surnommé « le Brésilien » pour son élégance et son aisance technique, est devenu un pote. Je le croiserai plus tard quand il évoluera à Monaco et que je serai invité à donner le coup d'envoi d'un match de Caen contre l'équipe de la Principauté. Dans cette période où je pédalais, j'ai également bien connu Antoine Kombouaré, Fabien Debotté, Jean-Jacques Eydelie, Thierry Bonalair. Ou mon grand Bernard Pardo, avec qui je continue d'échanger. Grâce à mon regretté coéquipier chez Renault Pierre-Henri Menthéour, un pur Breton même s'il est né à Alger, j'ai fait quelques sorties avec les joueurs du club dans la foulée d'une course. À l'époque, il y avait une sacrée équipe à Brest : Bernard Lama, David Ginola, mon Joël Henry, Vincent Guérin, Maurice Bouquet, Gérard Buscher ou Pascal Dupraz, qu'un clin d'œil du destin me fera retrouver lorsqu'il deviendra entraîneur du Stade Malherbe Caen.

Le plus drôle de mes aventures football est la fois où, en match de championnat, en mars 1991, Brest Armorique est allé jouer à Caen, au stade de Venoix. Je suis passé voir les joueurs à l'hôtel lors de leur mise au vert. Et j'avais apporté une paire de gants de vélo pour les offrir à Bernard Lama, qui s'apprêtait bientôt à s'engager avec le Paris Saint-Germain. À l'époque, le futur champion du monde ne portait pas encore systématiquement de gants dans ses cages. Eh bien le soir même, le gardien de but ne s'est pas démonté et il a joué avec les gants de vélo apportés en cadeau ! Cela lui a porté chance : Brest s'est imposé 2-1, grâce à des buts de Ginola et Bernard Ferrer, Joël Germain réduisant la marque pour Caen. Dans la foulée, il y avait tellement de brouillard que l'avion de Brest n'a pas pu décoller. Du coup, j'ai emmené certains joueurs en boîte de nuit...

74

Les bons conseils de Michel Hidalgo

Les personnalités ont toujours aimé assister au Tour de France. En 1984, Dustin Hoffman, qui vient de triompher en étant déguisé en femme dans *Tootsie*, a droit aux honneurs de la voiture du directeur de la course dans une étape de montagne. Il roulera aussi dans la voiture de notre directeur sportif, Cyrille Guimard. Je n'ai pas rencontré, hélas, le comédien. Il m'aurait sans doute dit, surtout s'il m'avait connu plus jeune, que je ressemblais à Nick Nolte. Quand j'avais une quinzaine d'années, TF1 diffusait la série *Le Riche et le Pauvre*, dans laquelle Nolte jouait Tom Jordache, un voyou bagarreur. Et c'est vrai que je lui ressemblais. Sur le Tour, Dustin Hoffman est accompagné de Michael Cimino, le réalisateur de *Voyage au bout de l'enfer*, un film sur la guerre du Vietnam avec Robert De Niro, Christopher Walken et Meryl Streep. Hoffman a beau avoir alors 47 ans, il est affûté. « Si quelqu'un peut se raser les jambes et rouler dans le peloton sans tomber, c'est bien Dustin ! » lance Michael Cimino. Les deux hommes croient dur comme fer dans leur projet pour Hollywood autour du vélo. Il devrait être tourné l'année suivante et ils sont en repérages tout en s'imprégnant de l'ambiance. Le comédien, bientôt oscarisé une deuxième fois grâce à *Rain Man*, y interprétera un coureur cycliste. *The Yellow*

Jersey, adapté d'un livre dans lequel un ancien coureur anglais reconverti en directeur sportif remonte sur un vélo et prend le départ d'un dernier Tour afin d'aider son poulain, ne verra finalement jamais le jour.

Cette même année 1984, Michel Hidalgo est également convié à la fête. Une crème d'homme. Et un sacré CV : finaliste de la Coupe d'Europe avec Raymond Kopa et le grand Stade de Reims en 1956, vainqueur de l'Euro 1984 à la tête de l'équipe de France de football, emblématique sélectionneur des Bleus de Michel Platini dans les années 1980. Lors de sa venue sur une étape, il est reparti avec une commission de ma part : aller embrasser ma mère ! Nous habitions Giberville, dans la banlieue de Caen, et sa mère était presque notre voisine. Hidalgo a accepté, et pas seulement parce que je portais le Maillot Jaune. Il a grandi au Plateau à Giberville, près des hauts-fourneaux de la Société métallurgique de Normandie où bossait mon père. Et le sien aussi : son paternel, ouvrier métallurgiste d'origine espagnole, y a accompli toute sa carrière, comme chef de charge aux fourneaux. C'est dans cette cité ouvrière de Colombelles qu'aujourd'hui le stade et le gymnase portent le nom de Michel Hidalgo. L'ancien élégant ailier de poche a débuté sa carrière à l'US Normande, club de la SMN. Dès les juniors, avec son jumeau Serge, il jouait en équipe première. Puis il a signé son premier contrat pro au Havre après avoir marqué contre eux cinq des six buts en finale de la Coupe de Normandie juniors !

Il a aussi connu la guerre à Giberville, lorsque l'usine était régulièrement bombardée et qu'il devait s'abriter avec d'autres enfants d'ouvriers dans les caves d'un château de la ville. Il a raconté à *Ouest-France* que, durant les années d'occupation, il avait pris l'habitude de se cacher dans une tranchée creusée par son père, au fond du poulailler de sa maison, jusqu'à ce que celle-ci soit détruite par un obus en juin 1944 ! Quand j'ai joué comme lui gamin au foot à l'US Normande, et que je ne me débrouillais pas trop mal, il a entendu parler de moi par le coach. Même s'il habitait dans le sud de la France, il avait gardé des attaches au club. Pour l'avoir côtoyé, il était adorable. Il s'y connaissait à vélo, il aimait ça. Il retournait souvent voir sa mère à Giberville et lisait mon nom dans *Ouest-France* quand, dans les catégories jeunes, j'enchaînais les victoires. Lorsque je gagne l'étape à Marseille le 14 juillet 1989, il est au départ et à l'arrivée. Il était dans la voiture de Guimard.

Nous avons même roulé ensemble, au *Domaine de Tournon*, au nord d'Aix-en-Provence. Lorsque Hidalgo a débarqué à Marseille pour devenir directeur général de l'OM de Bernard Tapie, il y organisait ses stages de football, par amitié pour le patron du lieu, un extraordinaire personnage, Albert Arstanian. L'OM, les footballeurs de l'équipe de Belgique et de la Côte d'Ivoire sont venus. Le *Domaine de Tournon* de l'ami Albert, Arménien de cœur, sera aussi le théâtre de stages et de rassemblements de nombreux sportifs. Cyrille Guimard nous y emmenait et j'adorais m'y rendre. Le boxeur Mehdi Sahnoune y a préparé son championnat du monde, qu'il a remporté. En boxe toujours, Christophe Tiozzo y a effectué sa pesée face au Panaméen Victor Cordoba pour un championnat du monde des super-moyens avant de s'incliner contre son challenger à Marseille. Je connaissais bien Tiozzo – j'ai même couru avec lui vingt minutes avant la pesée afin qu'il perde encore du poids – et j'ai suggéré à son promoteur Jean-Christophe Courrèges de passer par le *Domaine de Tournon*.

Je m'y sentais bien. Le décor, les odeurs, les parfums qui régnaient. Avec Laurent Fignon, on a même songé à le racheter quand Albert Arstanian l'a cédé mais nous ne sommes pas allés plus loin. C'est là-bas encore que j'ai croisé Jean-Jacques Goldman. Il déjeunait avec son guitariste, Michael Jones. Mes enfants étaient là, on a fait une photo avec eux près de la piscine. J'ai gardé le contact avec Michael Jones, dont le père est gallois mais la mère normande ; ils se sont rencontrés peu après le Débarquement. Le musicien a vécu une bonne dizaine d'années à Villers-Bocage, pas loin de Caen. Henri Sannier nous a interviewés tous les deux pour une émission de télé en Normandie.

Pour revenir à Michel Hidalgo, j'ai roulé avec lui au *Domaine de Tournon*. Nous étions tranquillement sortis jusqu'à Aix. Et il se débrouillait bien. Il me répétait souvent : « Vincent, dans tout ce que tu entreprends, prends du plaisir. Dans le vélo et dans la vie, prends du plaisir. » Il me l'avait d'ailleurs glissé avant le Tour de France 1984. Il avait tellement raison. Bien sûr, quand tu aimes ce que tu fais, c'est plus facile. J'ai choisi le vélo, j'ai choisi mon métier. Je l'ai aimé, j'y ai pris du plaisir, même si évidemment il a fallu consentir des sacrifices. Avant de pouvoir disputer le Tour de France, que de souffrances... Combien de fois suis-je sorti pour un entraînement vent de face, dans le froid, sous la pluie, avec l'envie de rentrer. Mais je n'ai pas lâché.

Michel Hidalgo m'avait aussi conseillé d'investir dans l'huile d'olive. Je ne l'ai pas fait mais l'idée était bonne. Il a disparu en mars 2020 à l'âge de 87 ans. J'apprécie également l'un de ses successeurs glorieux, Aimé Jacquet. Mon aîné, Grégory, a joué à Caen avec les 10-12 ans et a disputé, avec la Normandie, un tournoi à Clairefontaine, lieu de résidence des Bleus. Un matin, en marchant vers les terrains, je croise Aimé Jacquet, nous nous saluons. Je sais qu'il adore le vélo. Puis il appelle une jeune fille blonde qui se trouvait un peu plus loin. « Hé, Amandine... » Ma femme Véronique était enceinte, on attendait une petite fille. J'ai flashé sur ce prénom. Et j'ai dit à Véro : « Notre fille, on va l'appeler Amandine... »

75

Jean-Pierre Papin a entraîné Matthis

C'est lorsque Matthis jouait au Bergerac Périgord FC, en Dordogne, que Jean-Pierre Papin a repéré mon fils. Et que la légende de l'Olympique de Marseille l'a fait venir au C'Chartres Football, toujours en National 2. Le Ballon d'Or 1991 a eu Matthis sous ses ordres en Eure-et-Loir jusqu'à sa grave blessure. Papin entraîne désormais la réserve de l'OM, son club de cœur, avec lequel le buteur a été, entre autres, quatre fois champion de France. « JPP », je l'ai rencontré au *Domaine de Tournon*, où nous étions en stage avec l'équipe Renault. Lui habitait tout près, à Aix-en-Provence. Un jour, il a eu la gentillesse d'emmener mon fils aîné Grégory à l'entraînement de l'OM, à la Commanderie. Il s'est occupé de lui, au volant de son bolide, une BMW M5. Grâce à JPP, mon fils est rentré dans le vestiaire et a obtenu un ballon dédicacé par toutes les stars de l'équipe, les Chris Waddle, Abedi Pelé, Manu Amoros, Basile Boli, Éric Di Meco, Fabien Barthez et compagnie. De mon côté, j'avais offert à Jean-Pierre une combinaison du Maillot Jaune portée en 1984 avec laquelle j'avais disputé le contre-la-montre.

76

En marche arrière devant Jean Tigana

Mon fils Grégory, né en août 1984, un mois après que j'ai porté le Maillot Jaune, a un temps tâté du football avant de se mettre au vélo. En sport-études à Mérignac, il joue au Stade Bordelais, qui dispose d'une convention avec les Girondins de Bordeaux. Il s'entraîne ainsi parfois au Haillan, le terrain des pros. L'entraîneur des Girondins de l'époque est Élie Baup, il vient d'être champion de France en cette saison 1998-1999, sacré lors de la toute fin de la dernière journée. On apprend à se connaître, il aime le vélo, nous devenons amis. Alors que je passe voir Grégory, je l'appelle pour prendre des nouvelles et savoir si je peux le saluer. Il part accompagner pour un footing Jean Tigana, membre du carré magique de l'équipe de France avec Michel Platini, Alain Giresse et Luis Fernandez, ancienne figure des Girondins. « Bah attendez-moi, je vais venir courir avec vous... »

Et j'arrive pour me joindre à eux. Élie comme Jean Tigana ignorent que je sais courir, que j'ai été champion de cross de Basse-Normandie dans mes jeunes années. Le footing commence, on fait quelques tours de terrain, une poignée de spectateurs jettent un œil distrait. Puis on s'engouffre dans la forêt du Haillan. On se branche un peu, avec Tigana. Il court bien, il est affûté mais j'ai de la réserve. On accélère à tour de rôle. Puis je prends de l'avance. Pour déconner, chambrer étant tellement ancré dans ma nature, dans ma manière d'être, je me mets à courir en marche arrière, à ses côtés. Et j'en rajoute une couche : « Ça va, mon Jeannot, tu respires bien ? » Élie Baup observe la scène en silence mais pouffe tellement qu'il pose le pied à terre de son VTT. Plus tard, Jean Tigana dira à Élie à mon propos : « Il envoie, lui. C'est un moteur, ce mec ! »

ÇA N'ARRIVE QU'À MOI

77

Une sieste en attendant les copains après un entraînement en stop !

Châteauroux-Limoges, 228 kilomètres. Ce 1er mai 1984 se dispute la cinquième édition de cette course, désormais appelée Le Poinçonnet-Panazol. La veille, les coureurs de l'équipe Renault qui vont y participer sont dans le bus de l'équipe. À 100 kilomètres de Châteauroux, Cyrille Guimard nous fait tous descendre. Il faut rouler, pour être dans le bon tempo demain. Guimard a raison. Sauf que Bruno Wojtinek et moi n'en avons aucune envie. Tout le monde se change, les mécanos nous donnent les vélos. Le bus repart, les coureurs s'élancent à leur tour, en ordre dispersé. Bruno et moi gagnons du temps, assurant que l'on va d'abord pisser. Puis, une fois que tout le monde est bien parti, on y va. Trois-quatre kilomètres plus loin, on s'arrête sur le bas-côté. On enlève la roue avant de mon vélo, on la pose de travers sur la fourche. Et on fait du stop, guettant une voiture suffisamment grande pour entreposer nos deux vélos à l'arrière. Coup de chance, un mec en Berlingo s'arrête et va à Châteauroux.

« Pardon monsieur, on a eu un souci mécanique avec notre vélo, on cherche un magasin qui pourrait nous le réparer. » Il nous embarque. Les vélos à l'arrière, Bruno et moi sur la banquette avant, à côté du chauffeur. Sur le chemin, il rattrape et dépasse nos collègues qui s'entraînent.

Dès que l'on approche, on se fait tout petits, nous baissant avec Bruno. Le type était très sympa mais il n'a pas été dupe longtemps. À quelques kilomètres de Châteauroux, on lui a demandé de nous lâcher. On s'est cachés sous un petit arbre. Et offert sans scrupule une petite sieste tranquille d'une bonne heure, tandis que les copains roulaient !

Nous avons attendu qu'ils passent tous. Une fois le dernier arrivé en ville, Bruno et moi avons rejoint l'hôtel, cheveux mouillés et feignant d'être fatigués, confiant nos vélos aux mécanos qui nettoyaient ceux des membres de l'équipe arrivés. Et pour être encore plus crédibles, on jurait : « Putain, fait chier, les gars ne nous ont même pas attendus ! »

Mais il y a une justice à avoir resquillé les cent bornes. Le lendemain, avec Bruno, nous sommes au milieu d'une échappée d'une quinzaine de coureurs, en lice pour la victoire. Dans le final, un peu avant l'arrivée, il y a une bosse. À court de jus, on n'a pas pu faire la différence. Et c'est notre coéquipier Martial Gayant, qui lui avait roulé la veille, qui s'est imposé et a remporté Châteauroux-Limoges en un peu plus de six heures. Je finis 4e, 22 secondes derrière, dans le même temps que Pierre Le Bigaut, second, Dominique Garde et Éric Salomon. Huit secondes plus tard, Bruno arrivait en tête du groupe de poursuivants.

78

Les motards de la gendarmerie jusqu'à Roissy

Après une saison bien remplie, Renault invite toute l'équipe, coureurs comme encadrement, à Cancun, au Mexique. Nos femmes sont conviées. Une belle récompense. Le soleil va faire du bien, la mer des Caraïbes aussi. De vraies vacances, enfin. Encore faut-il rallier l'aéroport. Je pars en retard de la maison, comme d'habitude. Depuis la Normandie, ça fait une petite trotte jusqu'à Roissy-Charles-de-Gaulle. La Renault 5 Turbo 2 fait ce qu'elle peut pour rattraper le retard. Pire : alors que l'on arrive dans Paris, il y a des bouchons monstres. À ce rythme-là, c'est sûr, nous allons rater l'avion. C'est infernal, ça n'avance pas. Je klaxonne, pour me soulager, mais c'est inutile. Alors, oui je sais que ce n'est pas bien, je commence à emprunter la bande d'arrêt d'urgence. Sinon, adieu les vacances... Je fais tout de même gaffe aux ailes de la Renault 5 Turbo 2, fragiles, veillant à ce que personne ne tente de nous bloquer l'accès, gêné de ma manœuvre.

Ma femme commence à m'engueuler. « Fais ton malin avec la bande d'arrêt d'urgence... Si on se fait choper, on ne pourra même pas repartir ! » Tout d'un coup, je vois dans le rétroviseur une bande de motards surgir. Des gendarmes de la brigade motorisée. Sur nos traces. Je me rabats discrètement dans la file, comme si de rien n'était. Peine perdue : ils m'ont vu, évidemment. On me demande de m'arrêter, j'obtempère. Le gars déclenche sa béquille pour faire tenir sa moto, il se dirige vers moi, ses collègues attendent. J'ai encore le teint hâlé, les critériums ne sont pas si loin. Dans ma tête, je me dis « ça y est, ils vont vraiment se barrer sans moi au Mexique ! » Je baisse ma vitre, le motard s'approche et lâche en me dévisageant : « Oh putain ! »

Il m'a reconnu. J'en profite pour expliquer la situation, raconter que toute l'équipe Renault part à Cancun après une saison bien remplie et que je vais rater mon avion car nous sommes partis trop tard de la maison. Le gendarme se montre très agréable. Et même plus. « On vous emmène ! » Non seulement il compatit mais en plus, avec ses collègues, ils décident de nous escorter jusqu'à Roissy ! Incroyable. Ma femme est ravie. Et les voilà qui font écarter les voitures afin que l'on puisse avancer, se faufiler. Tout le monde se décale pour nous laisser passer. Personne ne moufte… Je pensais que ça n'arrivait que lorsqu'une femme se trouve sur le point d'accoucher et qu'il faut aller au plus vite à l'hôpital ! Aidés de ce précieux renfort, nous avons vite rallié l'aéroport. Et nous avons pu prendre l'avion à l'heure. Ils étaient vraiment adorables de nous ouvrir la voie ainsi. On se serait crus flanqués d'une escorte présidentielle… Ils sont repartis sans rien demander. J'aurais bien aimé les revoir pour les remercier.

79

J'ai fait rater un départ à Daniel Mangeas

Ce sont souvent les autres qui parlent le mieux de vous. En vous concoctant cet ouvrage, je suis retombé sur deux témoignages qui me décrivent plutôt bien. Je vous laisse savourer : « Le coureur le plus drôle que j'ai rencontré ? Vincent Barteau. Il avait toujours des conneries à faire ou à dire. Quand on lui demandait de rouler ou de prendre un relais, il était capable de répondre qu'il ne pouvait pas car il rentrait de vacances d'Honolulu. Même encore aujourd'hui, il peut faire semblant de pleurer quand on le voit dans la tribune de presse. Les gens s'inquiètent évidemment et il répond qu'il a porté le Maillot Jaune pendant des jours et qu'aujourd'hui il n'est que chauffeur sur le Tour. » Ça, c'est signé Jean-François Bernard en 2017 dans *L'Équipe*. Jeff a été l'un des lieutenants de Bernard Hinault. En 1987, il finit troisième du Tour de France et remporte deux étapes, les deux contre-la-montre, dont celui sur les pentes du mont Ventoux.

Et puis je retiens ce que dit Daniel Mangeas, la voix du Tour de France. Sur le site de Velopressecollection, il confie : « Pour tous, Vincent est un compagnon génial, une "gueule" d'acteur. D'ailleurs, il est remarquable dans le film hommage consacré à Laurent Fignon *La Dernière Échappée*. Frondeur, taquin mais aussi profondément fidèle en amitié, Vincent a accompagné Laurent jusqu'au dernier moment. [...] Un jour Martial Gayant me propose d'animer le cyclo-cross qu'il organise à Saint-Gobain, Vincent décide qu'il m'emmènerait. Le jour J, invité à déjeuner, me voici à Giberville. Le repas s'éternise, les adieux aussi et lorsque nous arrivons à Saint-Gobain, les coureurs ont déjà effectué deux tours. Vincent met son dossard, je m'empare du micro. Voici comment pour la seule fois de ma vie de speaker, j'ai raté un départ. Sacré Vincent ! »

80

Un accident de la route qui me coûte le Giro

À quoi tient le destin ? En 1984, je brille pour mon premier Tour de France. Mais je n'étais pas forcément prévu sur le Tour. À l'origine, je devais d'abord disputer, pour m'aguerrir, le Tour d'Italie. Et, éventuellement, être sélectionné sur la Grande Boucle. Mais un accident de la route près de Narbonne en a décidé autrement…

Cet incident a même eu droit aux honneurs de la presse locale dans la rubrique des faits divers. Un article de *L'Indépendant* revient ainsi sur l'événement. Le titre met en appétit : « Bizanet : deux équipiers de Laurent Fignon accidentés sur l'autoroute. » Puis le récit : « Un accident s'est produit, hier à 13 h 15, sur l'autoroute des Deux-Mers, près de Bizanet. Une Renault 20 circulant dans le sens Toulouse-Narbonne, et conduite par M. Vincent Barteau, 21 ans, coureur cycliste professionnel, de l'équipe Renault, demeurant à Mondeville (Calvados), a violemment percuté un fourgon Volkswagen, que pilotait M. Manuel Yunquera, 52 ans, de Madrid. Celui-ci transportait une équipe de la télévision espagnole. L'accident a fait neuf blessés : les deux conducteurs et leurs passagers, M. Christian Corre, pour le premier véhicule, âgé de 22 ans, coureur professionnel également, demeurant à Montfermeil (Seine-Saint-Denis), MM. Tomas Aparicio,

46 ans, Martin-Miguel Rodriguez, 48 ans, Juan Rodriguez, 60 ans, Luis Liznain, 33 ans, Manuel Larea, 21 ans, Javier Sandova, 35 ans. MM. Aparicio et Rodriguez ont été le plus grièvement atteints. Tous ont été transportés à l'hôpital de Narbonne, par l'ambulance des pompiers. Une enquête des gendarmes du peloton autoroutier de Narbonne est en cours. Une voiture de l'équipe Renault qui suivait aurait pu être impliquée également dans le carambolage. Les cyclistes se rendaient à Perpignan. »

Quelle histoire ! Je n'en suis pas très fier... La veille de l'accident, le samedi, avec des membres de l'équipe Renault, nous avions participé à un cyclo-cross, du côté de Sérignan. Et, le soir, nous sommes allés faire la fête. La nuit a été courte. Le dimanche, nous sommes partis tôt, à trois voitures, afin de rejoindre le reste de l'équipe et poursuivre le stage. Comptez trois ou quatre heures de route. Il fait très chaud. Je suis au volant. Notre voiture n'avance pas vite. On se traîne car je conduis la Renault de l'équipe, avec les vélos au-dessus, sur la galerie. Je suis avec Christian Corre, un jeune tout juste passé pro comme moi. Devant, dans leur voiture personnelle, il y a Pascal Poisson avec Philippe Chevallier. Et, derrière, Laurent Fignon avec Pascal Jules. Tous coureurs plus aguerris. Au bout d'un moment, on s'arrête dans une station-service, on fait le plein, on se prend un café et on achète un sandwich. Poisson conduit une Audi Quattro, ça dépote. Avant de reprendre la route, il a une drôle de proposition pour que j'accélère un peu : « T'as qu'à te mettre à mon cul quand on repart. Tu me colles au train, tu vas voir, ça va t'aspirer ! »

Ce n'était pas très malin mais, bien sûr, j'accepte. J'ai 21 ans, je me sens plein de forces. Pour ne pas piquer du nez, à cause du manque de sommeil et la digestion du sandwich, je mets la musique à fond. Christian Corre, malgré le boucan, s'endort. Peinard. Pour ne pas le gêner, je coupe le son. Mais, après quelques kilomètres, je commence vraiment à fatiguer. J'ouvre la fenêtre, espérant être fouetté par l'air, mais ça ne donne pas grand-chose. Je roule à environ 160 kilomètres-heure. Quand Pascal Poisson double, je double. Mes paupières sont lourdes. Alors qu'il double et que je suis censé le suivre, je m'endors.

Laurent Fignon, dans la voiture derrière avec Pascal Jules, me fait des appels de phare et donne des coups de klaxon, pour me réveiller, me sortir de ma torpeur. Ils savent que je déconne souvent, ils ont un doute de savoir si je fais semblant mais non, hélas. Sur la trois-voies, je redonne un coup de volant, je le redresse, double deux voitures, lâche l'accélérateur mais trop tard. Lancé, je rentre dans la camionnette devant. Je tape dans son cul, elle qui roulait tranquille et soudain accélère. Je zigzague, la camionnette, elle, fait des tonneaux. À bord, une équipe de tournage espagnole. J'en vois sortir certains, hagards. Sonnés, on le serait à moins, mais en bon état. J'ai mal au poignet. Je sors. J'ai peur pour eux que la camionnette explose. L'un des passagers a une belle entaille au tibia.

La police vient vite sur les lieux de l'accident, l'ambulance et les pompiers aussi. Les Espagnols sont amenés à l'hôpital. Même si j'ai mal et que Christian Corre est très légèrement touché, on ne demande pas notre reste. Je n'ai pas eu de nouvelles des passagers ni de la police. Bilan pour moi : fracture du poignet. Et donc pas de Tour d'Italie, comme il était prévu. Je ne serai pas rétabli à temps. Je ne suis pas assuré de disputer le Tour de France. Mais je reviens vite en forme. Et Cyrille Guimard me sélectionne. Il ne l'a pas regretté !

81

Quand l'équipe part sans moi

Les retards et moi, une longue histoire. Y compris sur le Tour de France ! Un matin, rendez-vous à 9 heures dans le hall de l'hôtel pour partir. J'arrive autour de 9 h 10 avec ma valise après avoir payé la note de téléphone à la réception. Plus personne dans le hall. Je me rends sur le parking. Le bus des Renault n'est plus là. Merde ! Grand moment de solitude. En fait, toute l'équipe s'était planquée pas très loin et ils m'observaient paniquer. Le chauffeur du bus était dans le coup. Ils se sont bien marrés. Je pense que Cyrille Guimard avait dû se dire : « Il nous fait chier à être toujours en retard… » Je peux le comprendre. Hélas, ma manie d'être toujours en retard ne s'est pas arrangée avec l'âge.

82

Je me suis fait cambrioler le Maillot Jaune

Ma notoriété s'est établie sur le Tour de France 1984. C'est là que je suis devenu populaire, que je suis entré dans le cœur des gens. Le Maillot Jaune ne possède que peu d'équivalents. Bon, avoir le maillot arc-en-ciel de champion du monde ou celui tricolore de champion de France, que tu conserves en plus toute l'année, ça a de la gueule aussi... Je ne me suis pas rendu compte immédiatement de la portée du Maillot Jaune, de ce qu'il induit en notoriété. Le soir à Cergy-Pontoise, j'étais surtout frustré, sur le coup, d'avoir laissé filer la victoire d'étape, même si la grande échappée avec le Portugais Paulo Ferreira et le Breton Maurice Le Guilloux a bouleversé mon existence. Je n'avais pas compris et surtout mesuré qu'être leader d'une telle course change tout, à commencer par le regard des autres.

J'ai commencé à en percevoir l'importance dès le lendemain matin. Au départ de Cergy-Pontoise, pour la sixième étape, tous les regards étaient tournés vers moi. Le public et les journalistes scrutaient chacun de mes gestes. Avoir ce Maillot Jaune sur le dos est une chance extraordinaire. Je m'en suis pleinement rendu compte des années après, en regardant les autres le porter... J'ai donc porté treize fois la fameuse tunique, puisqu'il faut ajouter la journée de repos. Qu'est-ce que j'en fais, puisqu'on vous remet un nouveau Maillot Jaune à chaque fois ? Eh bien, j'en ai beaucoup donné.

Je suis généreux, on ne se refait pas. J'en ai fait profiter les mécaniciens, les soigneurs, des proches. J'en ai aussi gardé pour mes frères et pour mes parents. Du coup, il m'en reste seulement deux aujourd'hui. Car je me suis fait cambrioler le seul que j'avais chez moi... J'habitais Cuverville, près de Caen. J'étais absent ce soir-là de 1989 : je donnais le coup d'envoi, au stade de Venoix, du match de première division entre Caen et l'AS Monaco entraîné par Arsène Wenger, où évoluait mon pote José Touré, avec qui j'ai pu échanger avant la rencontre. Je suis rentré tard, après avoir dîné avec les joueurs de Caen. J'avais un long chemin jusqu'au portail. Il n'était censé y avoir personne à la maison mais j'ai aperçu de la lumière. Je suis vite descendu de la voiture et j'ai foncé dans la maison, dont la porte était mal fermée. C'était un beau bordel. Les voleurs ont piqué de tout, des vêtements, des bijoux, un micro-ondes. Ils se sont rempli les bras de ce qu'il y avait dans la penderie. Le lendemain matin, en plein jour, le sol était jonché d'affaires qu'ils n'avaient pas pu prendre. En revanche, ils ont bien embarqué mon Maillot Jaune. J'en ai récupéré un au décès de mes parents et je peux vous dire que celui-là est bien protégé. Et puis mes chiens font bonne garde !

83

Battu d'une seconde après avoir été déclaré vainqueur

En 1983, tout juste passé professionnel, j'ouvre mon compteur chez les grands en remportant la première étape du Circuit de la Sarthe. Je lève les bras, je gagne sans contestation possible. Net et sans bavure, avec onze secondes d'avance sur un coureur russe au terme des 150 kilomètres. À la mi-mars, place au Tour d'Armorique. Une épreuve par étapes à travers les quatre départements bretons ; elle n'existe plus aujourd'hui, remplacée par la Route Adélie, à Vitré, sur un jour. Le jeudi, Laurent Fignon enlève le prologue à Quimper. Pascal Jules enquille le lendemain entre Quimper et Redon, 180 bornes. Au tour de Philippe Leleu de rafler la mise entre Redon et Loudéac. Je suis dans la course. Bien placé, en embuscade. Et pourquoi ne pas succéder à Bernard Hinault au Tour d'Armorique, lui qui l'a gagné l'année d'avant ? Ça aurait une sacrée gueule. Hinault est encore là, avec tout le gratin. Pas longtemps, il est lâché. Dans cette dernière étape, qui rallie Mûr-de-Bretagne à Lorient, soit 92 kilomètres, il y a du vent, beaucoup de vent. De la pluie, beaucoup de pluie. Une journée à pas foutre son nez dehors ! En clair, on se caille les meules… Pas mal de coureurs abandonnent. Je tiens bon. Je suis en bonne position au général, je joue ma carte à fond.

À l'arrivée, sous la flotte et la grêle, alors que la nuit est presque tombée, nous sommes une dizaine à franchir la ligne en même temps. Il y a toutefois eu une très légère cassure. Jean-François Chaurin enlève cette quatrième étape. Je suis toujours dans la course. Il faut calculer celui qui a mis le moins de temps cumulé dans les quatre étapes pour connaître le vainqueur du classement général. Putain, j'ai gagné. Ça y est, je suis déclaré vainqueur. Tout le monde me félicite, à commencer par le directeur sportif. On me remet le maillot du lauréat, j'ai déjà une manche dedans, bientôt l'autre. Sauf que. Sauf que, après vérifications, les organisateurs apportent une rectification : finalement, c'est Jean-François Chaurin qui est déclaré vainqueur. Pour une seconde ! Oui, une seconde d'avance sur moi. Je dois rendre le maillot. La déception est cruelle. L'apprentissage du métier…

Début décembre 2023, alors que je suis de passage à Paris, mon pote Pascal Chanteur, président de l'UNCP, le syndicat professionnel des coureurs cyclistes français, me demande de passer une tête à l'Assemblée générale de la Ligue. Jean-François Chaurin est là, il figure dans l'organisation de Paris-Tours. Cela faisait longtemps que l'on ne s'était pas croisés. On reparle du bon vieux temps et de ce Tour de l'Armorique quarante ans plus tôt, où il m'a battu d'une seconde. Et une anecdote lui revient. « Nous étions en balance pour la gagne, les organisateurs n'arrivaient pas à trancher. Tu leur disais qu'ils ne pouvaient pas être sûrs à la seconde près. Et, voyant qu'il était possible que tu perdes, tu leur as lancé un truc extra, qui m'a bien fait marrer : « Oui mais c'est moi le plus jeune de toute façon. Donc c'est moi qui ai gagné ! » J'en rigole encore. »

Le soir de cette virée dans la capitale, j'assistais à l'anniversaire des 50 ans du cabinet de maître Jean-Jacques Bertrand, expert en la défense des sportifs et par ailleurs mon avocat. L'occasion de revoir pas mal d'athlètes, principalement des gens du foot dont il s'est occupé et dont certains sont de mes amis. Par exemple Antoine Kombouaré, Jean-Michel Moutier et Jacky Bonnevay. Le Brésilien Leonardo est venu spécialement d'Italie. Quant à Éric Cantona, que maître Bertrand m'a présenté, nous nous sommes aperçus dans la discussion que nous avions un bon ami en commun. Cette soirée fut en outre l'occasion de longues retrouvailles avec Guy Stéphan, l'adjoint de Didier Deschamps en équipe de France. Et d'évoquer nos rencontres du temps où il jouait à Caen. C'est dans ce club qu'il a précocement arrêté sa carrière, après un grave accident de voiture sur la route de l'entraînement.

84

Je m'invite à déjeuner pour regarder la course dont je viens de prendre le départ

Avril 1989. Je sors à peine de l'Amstel Gold Race, dont j'ai terminé 26e. Des coureurs de l'équipe Super U rentrent à la maison. Pas tous. Moi par exemple. Je dois enchaîner avec une course en Belgique le lendemain. Bruno Wojtinek aussi, lui qui a terminé à la seconde place de Paris-Roubaix à 22 ans. On fait partie des baisés ! Je ne peux pas dire que ça m'enchante, je préférerais rentrer chez moi... D'autres équipiers doivent nous rejoindre directement. Nous sommes professionnels, donc direction la Belgique depuis les Pays-Bas, l'Amstel se déroulant aux environs de Maastricht. On doit s'aligner à ce que l'on appelle des Rodania, qui doivent leur nom au sponsor, la marque horlogère suisse Rodania, heureuse de parrainer plusieurs courses cyclistes flamandes pour augmenter sa notoriété et dont l'ambassadeur a longtemps été Eddy Merckx. Vous avez peut-être entendu résonner le célèbre jingle « Ta ta ta taaaaaaa, Ro-da-ni-aaaaa Ro-da-ni-aaaaa » de la voiture ouvreuse qui annonce le passage des coureurs. Un monument sonore pour prévenir de l'imminence du peloton.

La Rodania, c'est une grande kermesse. La météo est médiocre, je suis fatigué. Mon pote Bruno Wojtinek n'est pas très motivé non plus. À 11 heures, malgré tout, on sort de la voiture pour se changer. Nous sommes accueillis dans une magnifique propriété qui dispose d'un grand garage. Ça y est, on est prêts. Il y a d'abord 10 kilomètres à effectuer, pour le départ fictif. Deux ou trois kilomètres après le vrai départ, nous sommes au milieu du peloton avec Bruno quand on aperçoit l'imposant portail d'une maison ; il est ouvert. On déboule discrètement dedans et on se planque. Le peloton défile, personne ne remarque rien ou, en tout cas, ne dit rien. On patiente deux ou trois minutes puis on ressort à vélo.

Guimard, qui était en voiture derrière le peloton car il était parti un peu en retard à boire sans doute trop de cafés, nous voit. Putain, il a compris. Énervé, il nous désigne son poing rageur, façon de dire : « Mais qu'est-ce que vous avez fait ! » Mais il ne peut pas s'arrêter. Au revoir Cyrille ! Avec Bruno, on se dirige vers la propriété où l'on s'est changé et où nous avions laissé nos sacs. Le garage est toujours ouvert. On est en train de se changer quand un délicieux fumet monte aux narines. Ah ! cette odeur de cuisson… Voilà une dame qui arrive : « Un petit café ? » Je fais semblant de ne pas comprendre. « Oh, du poulet, madame ? Volontiers… »

Je n'ai pas besoin de trop insister. Et c'est ainsi que, avec Bruno, nous avons déjeuné chez ces gens charmants cet excellent poulet, avec des bonnes patates à l'ail. Le tout, entourés d'autres convives, sans doute les voisins, en regardant la course en direct à la télé ! Quel pied…

Évidemment, lorsque l'on retrouve Cyrille Guimard, il n'est pas content. Il nous passe une belle soufflante. Le voyage retour dans sa voiture vers Paris va être long. Bruno et moi montons derrière. Pas notre genre de faire profil bas. Alors, avisant la mallette sur le siège passager, je lui lance : « Allez, fais pas la gueule, tu l'as, ta mallette… »

Il avait bien touché sa prime pour que l'on s'aligne au départ, même si notre course a, en effet, été très rapide ! Une prime que, de toute façon, il ne comptait pas partager avec nous.

85

Éliminé dès la deuxième étape du Tour de France

Entre Renault et Toshiba, j'ai couru une saison chez RMO. Cyrille Guimard, déjà, m'avait baratiné en me proposant des conditions revues à la baisse pour cause de changement de sponsor. Du coup, je m'étais engagé dans l'équipe soutenue par la société de travail par intérim RMO (Relation Main-d'Œuvre), nouvellement créée sur les cendres de La Redoute. Même si l'équipe avait pour directeur sportif Bernard Thévenet, double vainqueur du Tour de France, j'avais l'impression d'une régression. Pas de quoi bouleverser pour autant mon tempérament déconneur. Sur une course, alors que j'ai un caillou dans la chaussure, Frédéric Brun, de chez Peugeot, me prend ma godasse et la jette par terre alors que l'on pédale. Cela ne me froisse pas. Rien de méchant, juste de l'amusement, comme la fois où, avec Pierre-Henri Menthéour, qui était alors mon équipier, on avait fait mine de s'engueuler. Puis on avait posé les vélos à terre et fait semblant de nous battre. Les commissaires de course s'étaient interposés. Et nous de nous fendre la poire…

Lors des championnats de France 1986, à Châteaulin, en Bretagne, je dispute une bonne course. Je termine à la septième place, 36 secondes derrière le vainqueur au sprint, Yvon Madiot. Le meilleur classement d'un RMO.

Le Tour de France approche. Je me sens bien. J'ai remporté quelques semaines plus tôt une étape à Cassel aux Quatre Jours de Dunkerque. D'ordinaire, au lendemain d'un championnat de France, je ne m'entraîne jamais. Mais j'ai un petit côté revanchard, notamment envers Guimard. Et je suis en forme. Alors je roule. Je passe devant la maison que je fais construire, à Cuverville, petite commune proche de Caen. Tout transpirant, j'en profite pour m'arrêter. Je n'aurais pas dû ! Des ouvriers sont en train de poser une baie vitrée. Il y a un peu de vent. J'échange avec eux. Sans m'en rendre compte, j'attrape un sérieux coup de froid. Je poursuis mon entraînement, que j'achève en étant trempé. Et je tombe malade. Nous sommes lundi. Le Tour de France s'élance dans cinq jours. Je ne consulte pas de médecin. Je pense que ça va passer, qu'il ne s'agit que d'un rhume. Et puis je n'ai aucune envie d'être sous antibiotiques ; ils risquent de me fatiguer.

Le prologue du Tour de France, le 4 juillet 1986, est enlevé par Thierry Marie. Le lendemain, deux petites étapes figurent au programme : Nanterre-Sceaux, 85 kilomètres, le matin, et, l'après-midi, un contre-la-montre par équipes de 56 kilomètres entre Meudon et Saint-Quentin-en-Yvelines. Le temps est doux et voilé. Nous sommes dix coureurs par équipe, notre leader est Thierry Claveyrolat. Il faut savoir une chose concernant le contre-la-montre par équipes de l'époque : le temps final retenu est pris sur le sixième coureur ayant passé la ligne. Les temps de chaque coureur sont ensuite reportés au classement général. Mais il reste possible d'être éliminé, si l'on ne respecte pas les délais d'arrivée. Je commence l'étape à fond. Je ne refuse aucun relais au sein de l'équipe en dépit de mon état, ce qui n'est pas le cas de tous. Alors que je suis en plein effort, je tombe en hypoglycémie. Je ne suis pas bien remis du coup de froid attrapé chez moi la semaine précédente et je suis lâché. Les autres ne m'attendent pas alors que nous n'avons rien à jouer. Quel était l'intérêt de rouler à fond ? Il n'y avait aucun enjeu. La preuve : RMO terminera 17e équipe sur 21, à 5 minutes 20 de Système U, vainqueur de l'étape. Bernard Thévenet, un homme charmant mais peut-être manquant de poigne et de clairvoyance dans la stratégie, a laissé faire.

J'ai achevé l'étape comme j'ai pu. Et je me retrouve éliminé. Dégagé du Tour, dès la deuxième journée ! Onze autres coureurs, dont Pascal Jules et quatre Colombiens de l'équipe Café de Colombia, sont également hors délai. Le Tour occupe une telle place que, si tu le rates, tu rates aussi ta saison… La pilule a du mal à passer, même si c'est mon pote Greg LeMond qui décrochera son premier Tour de France, devant Bernard Hinault. Je suis allé l'encourager sur quelques étapes, faute de pouvoir combattre ! Il était le meilleur, avait une classe folle mais, curieusement, n'avait pas une énorme confiance en lui. Je devais d'ailleurs souvent le rassurer.

86

Et j'ai fait tomber un motard de la Garde républicaine...

Le Bourg-d'Oisans, au pied de l'Alpe d'Huez, entre Grenoble et Briançon. Consultant pour Eurosport sur le Tour de France, je cherche une place après avoir déposé Laurent Fignon et Patrick Chassé. J'aime bien conduire, ça ne me dérange pas de les avoir lâchés pas loin de la cabine des commentateurs pour essayer de garer la voiture. Les places sont chères. Tout a été pris d'assaut. Je tourne et retourne dans le village : rien de libre à l'horizon. Je perds du temps, je commence à m'impatienter. Je m'engouffre dans une ruelle, interdite à la circulation ce jour-là sauf pour les personnes accréditées, dont je fais partie. Alors que j'avance, un motard de la Garde républicaine déboule par-derrière et, d'un signe autoritaire, me fait comprendre qu'il faut dégager. Arrivé à ma hauteur, il glisse en me rabrouant : « Allez, allez, on avance, on avance... »

Il me parle comme à un chien. Rarement vu un abruti pareil. Puis, comme je n'obéis pas vraiment à ses ordres, il passe devant moi et, toujours aussi sec, ajoute : « C'est bon comme ça, vous me suivez... » Il n'a pas vu le gros logo Eurosport sur la voiture et le macaron du Tour sur le pare-brise ou quoi ? En tout cas, il n'en a rien à cirer. Ses ordres, en revanche, il peut se les garder au frais... Nous roulons au pas, je le suis. Il s'arrête d'un coup, pas moi :

le motocycliste de la Garde républicaine zigzague, tombe et se rattrape à sa sacoche pour amortir le choc. Sa moto est à terre, lui aussi. Je m'en fous. Je descends de la voiture pour aller le voir. Il m'engueule. Moi aussi je m'énerve : « Je n'avais pas vu que vous vous étiez arrêté… Je cherche une place. Vous voyez bien que je suis accrédité. Je ne suis pas en vacances, je travaille ! »

Je poursuis mon chemin et trouve finalement une place. Vexé comme un pou, le motard est allé foutre la pagaille auprès de la société du Tour de France. Il voulait que je sois sanctionné, voire exclu de la compétition. Ma légère poussette volontaire, il l'a pourtant méritée, tellement il a été agressif et m'a mal parlé. J'ai de nombreux amis dans la police et je connais les membres de l'escadron de la Garde républicaine qui bossent sur le Tour, exemplaires. Lui n'en fait pas partie, c'est un régional de l'étape qui donne un coup de main mais que ça semble emmerder.

« Vincent, laisse tomber, tu es tombé sur le plus abruti. Toute l'année il nous fait chier ! », m'expliquent-ils. Le motard n'a d'ailleurs même pas terminé sa journée de boulot.

CARAVANE, MÉDIAS ET CINÉMA

87

Comme le pape dans sa papamobile

Mon bagou, mon sens du show, de la guignolade et du partage comme mon goût pour la mise en scène m'ont permis d'étrenner plusieurs vies comme suiveur du Tour de France. J'ai été consultant pour Eurosport pendant quinze ans. J'ai aussi sévi sur Europe 1, France Bleu, France Télévisions. Aujourd'hui j'interviens sur les ondes de Sud Radio. Pendant le Tour de France, je prends la parole sur le direct de la course et, le soir, je réponds aux questions de l'animateur, qui est installé à Los Angeles !

J'ai aussi animé la caravane publicitaire de plusieurs marques, devenant une sorte de directeur sportif de la 23e équipe du Tour. J'ai d'ailleurs gagné plusieurs fois le prix de la meilleure caravane. J'étais au volant d'une drôle de voiture, m'adressant à la foule via mon micro. Un pilote conduisait le cabriolet, j'étais assis mais, la voiture étant à ciel ouvert, je parlais au public en ayant l'impression d'être le pape dans sa papamobile. Je chauffais l'ambiance. J'étais le pape du Tour, si l'on peut dire !

Mon équipe ? Des comédiens amateurs, faisant semblant de pédaler sur un baquet à côté d'un side-car qui les faisait avancer. Je les encourageais, je donnais le ton à cette fausse équipe cycliste. Les motards étaient devant nous. Lorsque les gens nous voyaient arriver, un peu en avance sur les vrais coureurs, certains pensaient que c'est le véritable peloton qui allait passer. On avait les gyrophares et tout le tintouin. Je faisais le show, je balançais des conneries. Bref, je faisais du Barteau ! Six comédiens étaient sur les vélos pendant les trois semaines. On amusait la galerie. Je commençais mon boulot dès le village départ, faisant là surtout du relationnel. Ensuite je rapportais aux comédiens, la plupart des intermittents du spectacle, de la bouffe du village. Ils mouillaient vraiment le maillot, ne comptant pas leurs heures car logeant souvent loin du départ. Je les chouchoutais.

On se fendait bien la gueule et le public aussi. D'ailleurs, Daniel Mangeas, le speaker historique du Tour, jouait le jeu en nous présentant lors de notre passage devant la foule comme une équipe à part entière. Au micro, il annonçait avec enthousiasme : « Mesdames et messieurs, applaudissez très fortement la 23e équipe du Tour de France, cette équipe managée par Vincent Barteau, un ancien porteur du Maillot Jaune... À noter que l'équipe est toujours au complet... »

J'ai aimé ce petit théâtre quotidien, rempli de sincérité, cette vie sur les routes du Tour, ce rapport au public. Je me suis éclaté, nouant des relations fortes avec les gens, prenant du plaisir et y injectant un peu de dérision. C'était fatigant mais stimulant. Je jouais le jeu du faux manager à fond, enchaînant les blagues, chambrant sans cesse dans la bonne humeur, parfois debout dans la voiture. J'étais sur un piédestal, comme le pape dans sa papamobile ! À travers cette expérience, j'ai pu aussi constater combien la France est un pays magnifique, doté de paysages si variés, si somptueux. Bien sûr, j'ai parcouru la France comme coureur mais on n'a pas vraiment le temps d'apprécier le décor ! Là, j'ai eu le temps de le voir. Et de savourer.

88

« Tu as illuminé la caravane tel un baladin d'autrefois »

Après ma carrière de coureur, j'ai commencé par être, le temps d'un Tour de France, pilote pour le journal *L'Équipe*. Parmi les invités, Max Urbini, cinquante ans de journalisme au sein du quotidien, où il est rentré en 1946, à 21 ans. À *France Football*, dont il a été rédacteur en chef et qui appartient au même groupe, il figure, avec une poignée de collègues, parmi les inventeurs du Ballon d'Or. Une distinction qu'il a remise en personne, par exemple, à Lev Yachine, George Best, Johan Cruyff ou Franz Beckenbauer. Max, en 1995 dans *Vélo Magazine*, m'a rendu un vibrant hommage pour expliquer mon rôle. « Au côté de ce rallyman hors-série, j'ai vécu quelques étapes du tonnerre de Dieu. Quel sens de la course ! Quel art de la trajectoire ! Quel nez pour sentir les coups ! Quel talent d'improvisateur ! Et puis, quelle intelligence du pittoresque au cœur de l'action et sur le bord des routes, écrit-il. Je ne parle pas des coulisses où le petit rien pour chacun et le sourire pour tous enveloppaient de savoureuses anecdotes. Sacré Vincent ! Je te dois un quart de Tour plein de vie et de surprises. Tu as illuminé la caravane tel un baladin d'autrefois. Crois-moi, c'est un compliment dans un monde où l'on ignore trop souvent que fantaisie est un mot positif. Et maintenant, cher légionnaire, va où le vent de l'allégresse pousse tes trente-trois ans. Peut-être du côté de Claude Lelouch, pour un bout d'essai prometteur ou vers un rôle de communicateur chic et choc. » N'en jetez plus !

89

Une master class avec le patron du Festival de Cannes

Certes, j'ai des faux airs de Nick Nolte, surtout quand était diffusé le feuilleton *Le Riche et le Pauvre* sur TF1 lorsque j'allais à l'école. J'ai tourné dans quelques publicités et joué un petit rôle dans le téléfilm *La Dernière Échappée*, de Fabien Onteniente, qui racontait l'ultime Tour de France de Laurent Fignon comme consultant. Mais je ne me suis jamais rêvé comédien. En revanche, je sais bien raconter les histoires. De là à le faire un jour sur les planches ou devant l'écran ? Je n'en suis pas certain. Thierry Frémaux sait que je suis un conteur. Je l'ai rencontré par l'entremise de Valérie Fignon. Quand le délégué général du Festival de Cannes, bref le patron depuis 2007 du plus grand festival de cinéma du monde, est de passage à Paris, il loge dans la même résidence que Valérie. Quand ils se croisaient, ils devisaient vélo. Frémaux, s'il a longtemps pratiqué le judo, est un dingue de vélo. Elle lui a parlé de moi et il a eu envie de me rencontrer.

Je l'ai d'abord aperçu à Cannes et puis on a pris le temps de déjeuner, durant le Festival du cinéma américain de Deauville. Le ton était très détendu, nous avons bien accroché. Il s'est marré en m'écoutant raconter mes histoires. Si bien qu'il m'a invité à prendre la parole à Lyon à l'occasion du festival Sport, Littérature et Cinéma, qu'il a lancé en 2014. Le sport et le cinéma sont ses deux passions. À Lyon, il a déjà invité Eddy Merckx, Bernard Hinault, Jean-Claude Killy, Michel Platini, Marie-Jo Pérec, Thierry Rey. J'ai été flatté qu'il pense à moi. Je suis ainsi venu en mars 2023 à l'Institut Lumière, dont il est le directeur. Jeannie Longo, Jean-Michel Aulas ou Nathalie Iannetta, que j'ai trouvée très sympathique, étaient également conviés. Et c'est Thierry Frémaux lui-même qui a animé la séance à laquelle j'ai pris part. Me présentant comme une figure du Tour de France, il m'a longuement interrogé avant de donner la parole au public. J'avais peur que, entre deux projections de films de fiction et de documentaires, la salle se vide dès lors que j'allais intervenir. Mais les gens sont restés, ce qui m'a comblé d'aise. Je n'avais rien à vendre, hormis le plaisir de raconter des anecdotes de vélo que j'ai vécues.

90

Biétry voulait que je sois le Paganelli du vélo

J'ai toujours été un bon client des médias. Capable de balancer à un journaliste, lorsque je portais le Maillot Jaune en 1984 : « Si je n'avais pas été pro chez Renault, je l'aurais été au cirque Pinder… » J'avais mes mots à moi, mon vocabulaire. Le *Zapping* s'est régalé avec mes sorties… J'ai eu droit plusieurs fois aux honneurs de l'émission.

À l'antenne, j'aimais écouter Robert Chapatte, Patrick Chêne ou Jean-Michel Leulliot. Devenir consultant a été une reconversion naturelle. Mais je la dois d'abord à Patrick Chassé, qui était responsable du vélo sur Eurosport. Il est le premier à m'avoir proposé ce rôle. J'ai accepté avec grand plaisir. Je n'imaginais pas que notre aventure durerait quinze ans. Dans ce laps de temps, Laurent Fignon nous avait rejoints.

Sur le Tour, l'équipe d'Eurosport était composée d'une trentaine de personnes. Après chaque arrivée, Patrick Chassé organisait un débriefing. Ensuite, pendant que les techniciens rangeaient le matériel, que chacun vaquait à ses occupations, on filait avec Laurent sur la ville de l'arrivée du lendemain. Nous dormions dans le même hôtel, partagions la même voiture, que l'on conduisait à tour de rôle. Débarquer sur site la veille au soir de l'étape nous permettait, le lendemain matin, de nous lever de bonne heure pour nous livrer à une partie de golf. Un 12 ou un 18 trous. Puis on rejoignait la cabine des commentateurs. À l'antenne, je déconnais, certes, mais je sentais vraiment bien la course. J'ai aimé ces quinze ans à Eurosport. Cela représentait environ quatre-vingts jours par an car je n'étais pas seulement sollicité pour le Tour de France mais aussi pour le Tour d'Espagne, le Tour d'Italie, Paris-Nice, Paris-Roubaix et les autres classiques. Eurosport diffusait de nombreuses courses.

Parmi ceux qui goûtaient à mes commentaires figurent Charles Biétry. Un jour il m'appelle et me sonde : « Salut Vincent, j'adore tes commentaires. Combien tu gagnes sur Eurosport ? Je te donne la même chose qu'eux sur l'année… mais pour les trois semaines du Tour de France ! Qu'en penses-tu ? »

Il était alors directeur des sports de France Télévisions. L'idée de l'ancien patron des Sports de Canal+ : que je fasse comme Laurent Paganelli avec le football sur la chaîne cryptée. À savoir des interviews décalées au bord des terrains ou des vestiaires, sur un ton détendu et souriant. En l'occurrence, pour le vélo, que j'interroge les coureurs carrément dans le bus de leur équipe. Mais c'était compliqué de faire rentrer les caméras et les éclairages sans trop gêner les coureurs. Il fallait aussi couper la climatisation dans le bus, pour le bruit que les caméras voulaient éviter. En plus, après l'étape, les coureurs n'ont qu'une idée en tête : rejoindre vite leur hôtel, souvent pas tout près, là où aura lieu l'étape suivante. Ils sont pressés de partir et je les comprends. Bref, un bon concept mais un dispositif lourd et des autorisations pas toujours évidentes à obtenir des directeurs d'équipe.

Mais je l'ai fait, une saison, pendant trois semaines, sur France Télévisions. J'ai gardé mon tempérament blagueur et chambreur. Les coureurs me parlaient car je ne suis pas journaliste, je sais ce qu'ils éprouvent. C'est ce que voulait Charles Biétry. Puis il a été écarté de France Télévisions. Quant à moi, je suis ensuite retourné comme consultant sur Eurosport et j'ai continué de garder le contact avec Charles. J'ai une forte estime pour cette personnalité, malheureusement atteint de la maladie de Charcot. Nous sommes restés complices. Je lui signe les SMS que je lui envoie d'un : « Ton Maillot Jaune préféré ». Charles m'a aussi sollicité pour des interventions en entreprise. J'explique aux salariés la vie à vélo, les chutes, la concurrence, les entraînements, la paye, etc.

Consultant, je le suis désormais sur les ondes de Sud Radio. Sur le Tour de France et les grands événements vélo. J'apprécie la liberté de ton qui règne sur l'antenne. Et dans les rapports humains. Le directeur général, Patrick Roger, est un grand pro expérimenté. Je suis entouré de jeunes, avec qui la relation est harmonieuse. Depuis l'émergence du Covid-19, on ne se déplace plus forcément sur les étapes pour les commenter. Je le fais donc parfois depuis ma maison et, avec l'évolution du matériel, on ne se rend compte de rien. De toute façon, justement depuis le Covid, il devient de plus en plus complexe d'approcher les coureurs. Nous sommes moins plongés dans la mêlée. Mais j'arrive quand même à obtenir des infos grâce à mes potes directeurs sportifs ou dans l'encadrement des équipes.

91

Une interview de Sheryl Crow traduite façon Fignon et Barteau

Longtemps voix et patron du cyclisme sur Eurosport, Patrick Chassé m'a fait confiance comme consultant. Je lui en ai pourtant fait voir de toutes les couleurs ! Je débarquais en cabine sans notes, les mains dans les poches. J'improvisais, je déconnais. Mais je sentais bien la course, je savais l'analyser, à l'instinct. Et Patrick me laissait m'exprimer comme je l'entendais. Une fois, à la fin d'une retransmission, il s'est levé de sa chaise, très agacé. Et m'a lancé : « Tu fais chier, Vincent. Guimard n'est pas le seul à penser que, si tu avais bossé, tu aurais été le meilleur coureur du peloton. Je pense sincèrement que si tu bossais plus, tu serais le meilleur consultant, et de loin. » Il m'a passé un sacré savon. Jamais on ne m'avait engueulé comme ça ! Peut-être a-t-il raison mais, une fois encore, je n'ai jamais voulu tout sacrifier pour le vélo.

Patrick et moi, sur le Tour, avec Laurent Fignon en troisième larron, avons vécu de drôles et belles aventures, émaillées de grands fous rires. Un jour, alors que nous étions en cabine à Boulogne pour commenter la course, pas encore partie, Patrick, lui aussi un peu tête en l'air, constate avoir oublié chez lui la boîte dans laquelle il entrepose ses fiches cartonnées et annotées sur chaque coureur. Internet n'existe pas encore. Il habite Bastille. Je ne panique pas. Et propose : « Rien de grave. On va aller la chercher, ta boîte, on a le temps. » Avec la Mercedes offerte par Greg LeMond, nous avons traversé Paris à toute vitesse. Je grille les feux rouges quand je m'assure que la voie est libre, histoire d'être à l'heure en cabine. Sur le chemin du retour, je ne baisse pas de rythme. Avant l'entrée du tunnel Châtelet-Les Halles, des flics nous arrêtent. Patrick s'inquiète, pas tant pour moi mais parce que, peut-être, pour la première fois de sa carrière, il va rater un direct. Je ne m'affole pas.

« No stress, je vais leur dire que je suis un ancien porteur du Maillot Jaune, qu'on a roulé comme ça de manière exceptionnelle, pour l'intérêt du téléspectateur. » Je sors du véhicule. Et je commence à expliquer la situation. La policière n'y connaît rien au vélo et s'en fout mais, avec mon bagou, j'arrive à la convaincre de nous laisser partir. J'ai pu le faire stresser, Patrick... Une autre fois, sur la route, nous étions en retard, à cause de moi. Déjà à cran car les coureurs sont partis, je lui donne une opportunité en or de l'être encore plus : à la station essence, tandis que je fais le plein de la voiture Eurosport, je me trompe de carburant ! Patrick, courroucé, grimpe dans une autre pour rejoindre au plus vite la cabine. Mais je me suis tout de même démerdé pour arriver à temps après avoir fait vidanger la bagnole. Comme l'a dit Patrick : « Quand Vincent te fout dans la merde, surtout ne le lâche pas : certes il t'a foutu dans la merde mais il est le seul à être capable de t'en sortir ! »

Il appréciait aussi que, à mes côtés, l'aspect déconneur de Laurent Fignon, qui ne sautait pas aux yeux quand on ne le connaissait pas, apparaisse à l'antenne. Eurosport nous laissait une entière liberté. Avec Laurent, juste pour rigoler et le plaisir de sortir des conneries, nous étions capables, par exemple, de traduire n'importe comment, en direct à l'antenne, une interview par Patrick de la chanteuse américaine Sheryl Crow, alors compagne de Lance Amstrong. Nous inventions de fausses confidences, où elle disait du mal de Lance. Patrick n'était pas très à l'aise et essayait de garder son sérieux. En course, il avait d'ailleurs parfois l'impression de faire un commentaire parallèle !

92

Du ring à une publicité pour les frites

J'ai toujours aimé la boxe. Vers dix ans, mon père m'a emmené voir boxer le caennais Jean-Baptiste Rolland, qui a été trois fois champion de France en poids moyens et a même affronté la légende Sugar Ray Robinson en 1964, seulement battu aux points. D'ailleurs, le parrain de ma fille était Thierry Lecarpentier, originaire de Saint-Lô dans la Manche, où il a été champion de France troisième série chez les super-welters. Il est malheureusement décédé en 2018 à 53 ans, emporté par la maladie et laissant trois filles derrière lui. Thierry était un vrai copain, incroyable et courageux, qui boxait tout en étant mécanicien chez Ford, finissant même à force de travail par ouvrir un centre de contrôle technique. J'avais réussi à le faire rentrer chez Jean-Christophe Courrèges, alors le promoteur de Christophe Tiozzo. Ah ! Christophe... Il a été médaillé de bronze aux Jeux olympiques de Los Angeles 1984 et champion du monde WBA des super-moyens lors d'une soirée de feu au Palais des sports de Gerland à Lyon, combat commenté par Thierry Roland sur la première chaîne. Plus de quarante ans après Marcel Cerdan, il devenait le premier boxeur français de sa catégorie champion du monde. Son frère cadet, Fabrice, sera à son tour champion du monde, chez les mi-lourds et les lourds-légers. J'ai bien connu la famille Tiozzo. J'ai participé avec Franck, l'aîné des trois frères, à l'organisation d'une réunion de boxe au Zénith de Caen tout juste sorti de terre. Fabrice y a participé, à l'instar d'Hacine Cherifi, sacré champion du monde des poids moyens, et des frères Lorcy, Pierre et Julien, ce dernier lui aussi champion du monde. Bref, un beau plateau. J'avais trouvé des sponsors, Fabrice avait mangé à la maison avec ses frères.

Lorsque les Tiozzo passaient par Paris et que j'y étais également, commentant le Tour d'Espagne en cabine pour Eurosport, on se retrouvait souvent pour boire un verre. Un jour que je me balade avec Christophe et Franck sur les Champs-Élysées, un mec court derrière et, arrivé à ma rencontre, me demande : « Qu'est-ce que vous faites dans la vie ? J'aimerais faire une publicité avec vous… »

Il me tend sa carte de visite, que je glisse dans ma poche. Je n'y accorde pas une grande attention. L'homme est déjà reparti avec son chauffeur. Cela me semble curieux d'être repéré ainsi. Je passe à autre chose et, finalement, quinze jours plus tard, en retombant sur sa carte, je le rappelle. Il était bien agent, et un agent implanté. Il m'a invité à passer un casting. J'ai été retenu. C'est ainsi que je me suis retrouvé à tourner une publicité pour les frites McCain. Je jouais un policier américain et, avec un autre « collègue », nous encadrions Julien Courbey sur le banc d'un commissariat. Il était menotté. Pendant qu'il levait les bras avec les menottes en parlant, nous en profitions pour lui piquer les frites qui étaient dans son assiette. Puis s'affichait le fameux slogan de la marque de frites congelées McCain : « C'est ceux qui en parlent le moins qui en mangent le plus. »

Je n'ai hélas plus trace de cette publicité, diffusée en France et à l'étranger. Je m'étais bien entendu avec Julien Courbey. Le comédien a tourné pas mal de publicités, dont celle iconique pour Yop, et connu le succès au cinéma dans *Le Ciel, les Oiseaux et... ta mère !* avec Jamel Debbouze.

93

Coach de Samuel Le Bihan et barman

« J'ai eu le coach rêvé. Vincent m'a apporté beaucoup d'amour et d'amitié. J'ai été très touché. » Voilà ce qu'a déclaré Samuel Le Bihan à propos du téléfilm diffusé en 2014 sur France Télévisions, intitulé *La Dernière Échappée* et réalisé par Fabien Onteniente. Le pitch de cette fiction : en juillet 2010, Laurent Fignon commente son dernier Tour de France. Atteint d'un cancer en phase terminale, il suit la totalité de l'épreuve pour France 2, contre l'avis de son médecin, qui l'assiste toutefois dans cette longue épreuve. Mon pote Laurent est incarné par Samuel Le Bihan. Figurent également au casting Claire Keim, Olivia Côte et Youssef Hajdi.

C'est grâce à Valérie Fignon que je me suis retrouvé dans l'aventure. Elle m'a imposé pour préparer Samuel Le Bihan au rôle. Alors j'ai fait en sorte que, sur le vélo, il ressemble au coureur Fignon. Nous sommes allés pédaler à Saint-Cloud et aussi sur le col d'Èze, entre Nice et Monaco. Nous avons vite sympathisé. Samuel est un super mec, ouvert, intelligent, qui n'a pas le cigare. Mon apport devait contractuellement s'arrêter à cette mission. Un peu avant le tournage, lors d'un repas, Fabien Onteniente m'a entendu faire le mariole avec toute l'équipe. « Écoute, Vincent, si j'avais su que tu étais comme ça, c'est toi que j'aurais pris », m'a dit le réalisateur de comédies populaires comme *Trois zéros*, *Jet Set* ou *Camping*.

Car oui, un comédien a joué Vincent Barteau ! Je pense sincèrement que j'aurais été au moins aussi bon dans le rôle, tenu par Éric Theobald... Je n'ai jamais pris de cours de comédie mais j'apprécie cet univers.

Combien de fois suis-je arrivé quelque part en faisant semblant d'être bourré et de m'écrouler ou bien faisant mine de pleurer ? Au Tour de France, lorsque j'étais consultant, j'aimais bien déconner avec les copains, faire rire l'assistance. Lors des dîners, ma table était prisée. En découvrant mes talents, en entendant les gens se marrer, Serge Korber, qui a réalisé entre autres deux comédies avec Louis de Funès, m'a dit que je devrais faire du cinéma, me proposant de me mettre en contact avec une agence. Mais je n'ai pas poussé plus loin. Reste que, sur *La Dernière Échappée*, Onteniente m'a tout de même proposé un petit rôle à quelques jours du tournage tout en me demandant de rester conseiller vélo. Dans le téléfilm, ma contribution est modeste mais je suis au générique : je joue René, barman d'un hôtel dans lequel Samuel Le Bihan s'installe alors qu'il doit retrouver sa fille. Je devais dire : « Il faut vous battre, vous êtes Laurent Fignon. » Et je lui servais un petit Campari, sa boisson préférée. Une seule prise a suffi. Dès que j'ai entendu « moteur », j'ai été naturel. Pas stressé pour un sou. Le premier assistant réalisateur était étonné que je sois dans le ton tout de suite. Il a même expliqué à Valérie Fignon, présente sur le tournage, qu'il ne croyait pas que je n'avais jamais tourné.

J'ai assisté à l'avant-première du téléfilm au *Grand Rex* à Paris. Il a été bien accueilli et a obtenu une forte audience à sa diffusion sur France 2, rassemblant

3,7 millions de personnes, seulement battu par *Mentalist*. Fabien Onteniente, convaincu, m'a suggéré que je pourrais avoir un rôle dans son prochain film, *Camping 3*. Mais nous nous sommes perdus de vue. Cette expérience reste en tout cas un joli souvenir. Et je suis resté en contact avec Youssef Hajdi et Samuel Le Bihan.

94

Feu d'artifice en guise d'anniversaire

Pendant que je grimpais la délicate et longue côte de Saint-Antoine m'emmenant vers la victoire sur le Vieux-Port, ce 14 juillet 1989, je songeais que, si j'avais un autre garçon, je l'appellerais Antoine. Ce sera finalement Matthis !

En 1993, le Tour de France fait de nouveau étape à Marseille. J'ai raccroché mon vélo, je suis consultant pour Eurosport. Patrick Chassé, le rédacteur en chef, me propose de rejouer la scène de la fin d'étape. Et me voilà à refaire la côte de Saint-Antoine avec une caméra embarquée sur mon vélo pour un sujet sur la chaîne. L'effort réclamé est toujours aussi intense. Et même plus. Les kilomètres passent moins vite ! Quatre ans après, le décor n'est plus tout à fait identique. J'ai revu avec plaisir là où tout a basculé, où j'ai placé mon démarrage pour arriver en solo devant une foule impressionnante. Au sommet de la côte, il y a désormais un hôtel, qui n'existait pas. Le hasard fait bien les choses : c'est celui que m'a réservé Eurosport pour la nuit. J'ai la vue sur le port de Marseille. Le soir, après le dîner, de retour dans ma chambre, j'observe de la fenêtre un étonnant spectacle : celui d'un feu d'artifice tiré depuis un bateau. Sans doute à l'occasion d'un anniversaire. Incroyable coïncidence. Quelque part, ce soir-là, c'était aussi mon anniversaire ! En 1989, le feu d'artifice était tiré pour moi…

RÉFLEXIONS
ET AUTRES PENSÉES

95

Et si j'avais eu ce Maillot Jaune trop tôt ?

J'avais 22 ans quand j'ai participé à mon premier Tour de France. J'étais déjà professionnel mais inconnu du grand public. Je découvrais tout, je n'avais même pas repéré le parcours. J'étais venu dans le but d'acquérir de l'expérience, pour participer. Je ne songeais pas à gagner une étape, encore moins au Maillot Jaune. Finalement je l'ai pris au soir de la cinquième étape, avec 17 minutes d'avance ! J'étais évidemment super content mais je ne me rendais pas compte de la situation. C'est le lendemain que l'on mesure le choc, que l'on comprend, lorsque l'on voit tous les journalistes qui vous assaillent, vous pressent de questions. Les regards sont d'un coup braqués sur vous. Les spectateurs vous cherchent parmi les coureurs. Je pensais le perdre quelques jours plus tard, dans la montagne, mais non, je me suis arraché. J'ai réussi à le conserver près de deux semaines, ne le cédant qu'à une semaine de l'arrivée à Paris. Les coureurs savaient que c'était mon premier Tour, que je n'avais pas le gabarit d'un grimpeur. Mais ils ont commencé un peu à s'inquiéter après l'étape des Pyrénées en constatant que je ne lâchais rien. Et que je ne lâcherais rien. Reste que, à chaque étape, je perdais des minutes d'avance.

Lorsque j'ai cédé le Maillot Jaune, je plaisantais avec les journalistes. Je disais que je l'avais rendu à Laurent

Fignon car il était trop triste de le voir sur moi, qu'à chaque fois que j'entendais du bruit dans ma chambre, c'était Laurent qui essayer de me le voler ! Le Maillot ne m'est pas du tout monté à la tête. Ce n'est pas dans mon tempérament. Peut-être que si je l'avais endossé à 26 ans, les choses auraient été différentes. Et que je l'aurais pris davantage au sérieux. Le Maillot Jaune reste un symbole important. Ne le porter qu'une fois est déjà extraordinaire, Raymond Poulidor par exemple ne l'a jamais eu de toute sa carrière. Alors le garder deux semaines sur les épaules… J'étais un total inconnu. Cet exploit m'a propulsé. On parlait de moi, j'étais attendu au tournant. Je vivais au jour le jour, sans varier ma nature de déconneur. À la rigueur, j'ai eu ce Maillot trop tôt ! Ce Maillot m'a collé à la peau, on m'en reparle à chaque fois. Et ça n'est pas près de changer avec cet ouvrage…

96

Échange de maillot avec Éric Caritoux dans la dernière étape

La photo qui illustre la couverture du livre, où je fais semblant de vouloir reprendre le Maillot Jaune à Laurent Fignon, a été prise au lendemain du jour où il m'a piqué la tunique ! Elle s'est déroulée de façon très spontanée. Nous n'avons pas pris la pose, nous voulions juste nous marrer. Nous étions en queue de peloton, zen, et le photographe a dégainé. Laurent a joué le jeu. C'était capté sur l'instant. On pouvait encore un peu déconner dans le peloton.

Idem quelques années plus tard. Lors de la dernière étape du Tour de France, à hauteur de Chaville, là encore pour rigoler, j'échange mon maillot une poignée d'instants avec celui d'Éric Caritoux, qui porte cette année-là le maillot tricolore de champion de France. D'autres coureurs font pareil. Un petit coureur monte sur le vélo d'un grand et vice versa. Albert Bouvet, directeur adjoint du Tour après avoir été vainqueur de Paris-Tours puis journaliste, pouvait lâcher de sa voix inimitable : « Attention, attention, Vincent Barteau. Reprenez votre maillot, autrement nous serons obligés de vous déclasser... » Nous étions à une trentaine de bornes de l'arrivée mais il avait peur qu'il nous arrive quelque chose.

L'atmosphère était détendue, bon enfant. J'écoutais les histoires des anciens et je me régalais. Ils étaient pour beaucoup des bons vivants, des bonnes natures. Il suffisait d'un mec pour entraîner tout le monde. Marc Durant, cinq participations au Tour de France, faisait des imitations qui déclenchaient les rires. Je n'étais pas le dernier pour envoyer une vanne.

Tout le monde se mélangeait. L'arrivée à Paris était une fête, on roulait doucement. Nous l'envisagions comme notre récompense après avoir souffert et sué trois semaines durant. En revanche, quand nous nous retrouvions sur les Champs-Élysées, on ne rigolait plus…

J'ai aussi le souvenir de coureurs grimpés sur la moto d'un gendarme, juste pour faire sourire. Ou d'un autre posant la main sur le pétard d'un flic qui nous suivait à moto ! Il ne s'agit pas de comparer les générations mais, évidemment, cela ne serait plus possible aujourd'hui. D'ailleurs, ça ne leur viendrait même pas à l'esprit.

97

Je ne voulais pas tout sacrifier pour le vélo

Tout est relatif. Est-ce que j'ai raté ma carrière ? Cyrille Guimard a déclaré un jour : « Les deux plus grands gâchis parmi les coureurs, ce sont Vincent Barteau et Dietrich Thurau. » Thurau, un Allemand, vainqueur de Liège-Bastogne-Liège, de cinq étapes du Tour de France et du Tour d'Espagne, Maillot Jaune des dix-neuf premières étapes durant le Tour de France 1977. Alors oui, j'avais sans doute le talent pour faire mieux. J'aurais peut-être pu gagner Paris-Roubaix ou des classiques. Peut-être. Mais je savoure mon parcours. J'ai porté le Maillot Jaune treize jours, Poulidor, je le répète, ne l'a jamais revêtu. C'était mon destin. Il est sûr que j'avais des qualités intrinsèques fortes. J'étais facile. Mais je manquais de maturité. Je réfléchissais trop, aussi. J'étais casanier, je m'entraînais surtout près de la maison. Il m'a manqué un groupe de pros pas loin de chez moi pour pédaler avec eux, me stimuler. Sur le fond, l'analyse de Guimard n'est sans doute pas fausse. Mais je vais vous dire une chose : je ne voulais pas tout sacrifier pour le vélo.

Au final, j'ai eu une belle carrière. J'ai réussi à garder dans ce métier mon tempérament de blagueur. Peut-être que ma nature n'était pas faite pour cette profession, très sérieuse, très exigeante. Qui demande énormément de sacrifices. Je n'avais pas envie d'aller trop loin dans la souffrance infligée. Et puis j'ai été père de famille très tôt, à 22 ans. Mon destin aura-t-il été différent si j'étais resté célibataire plus longtemps ? Je l'ignore. Le cyclisme professionnel est très difficile. Physiquement, moralement. Il faut avoir une hygiène de vie impeccable, surveiller son poids, s'entraîner tout le temps, partir souvent et longtemps loin des siens. À chaque fois ce fut un déchirement que de quitter la maison, moi qui suis papa poule.

Je trouvais aussi que les coureurs ne gagnaient pas suffisamment d'argent au regard des efforts réclamés. J'ai conscience de la valeur de l'argent. Je viens d'un milieu ouvrier, d'un univers modeste. Je gagnais bien ma vie par rapport à mes parents et mes frères. Malgré tout, dans ces années quatre-vingt, je considérais que, pour des athlètes de très haut niveau, nous n'étions pas assez rémunérés.

Bien sûr, avec le Maillot Jaune, tu palpes. Ma rente journalière était de 1 500 euros par jour en dotations dans les critériums post-Tour de France 1984. Une carrière de sportif de haut niveau est courte, très courte. Il faut profiter de chaque opportunité. Et puis il n'y a pas que le Tour de France dans la saison ! À propos de salaire, c'est au sein de l'équipe néerlandaise PDM, lors de la saison 1988, que j'ai gagné le plus. Environ 25 000 euros par mois. Jusque-là, mon salaire était plutôt entre 10 000 et 15 000 euros.

98

Cette routine qui, à force, peut tuer le talent

Le cyclisme, j'insiste, est une discipline terriblement exigeante et contraignante, au physique comme au moral. Je ne me plains pas, c'est un métier formidable mais, franchement, il n'y a rien d'excitant à une sortie quotidienne de six ou sept heures pour l'entraînement. Je commençais à devenir un homme de métier. La joie et l'insouciance qui me caractérisaient s'étaient diluées. J'avais perdu le frisson, les sensations magiques éprouvées lors de ma virée à Nantes pour rejoindre la grand-mère ou le championnat de France juniors gagné à Carcassonne. Tout alors était spontané, tout était plus beau et plus facile. J'adorais pédaler mais, l'âge venant, je ne ressentais plus le même plaisir. J'avais fini par m'ennuyer...

Oui, c'est ça, j'étais devenu un professionnel de la profession ! Et cette routine, à force, peut tuer le talent. Disons décourager son déploiement. C'est tellement dur le vélo... Quand on s'entraîne, il faut être sérieux, ne pas trop penser, ni réfléchir. Lorsque tu commences à te dire dans la tête : « Oh ! là, là, que c'est long », ce n'est pas bon signe. Il faut aimer son métier, aimer souffrir aussi. Il faut être dans de bonnes dispositions, avoir l'esprit libre. Si tu te poses de questions, c'est mort, même si tu as du talent. Lorsque Guimard me l'a faite à l'envers, j'étais obnubilé par le fait d'obtenir réparation. Je ne pensais qu'à aller au procès pour récupérer mon dû. Je n'avais que cette idée dans le crâne, si bien que l'entraînement en était parasité. Je n'aimais plus ce que je faisais. Le signe, quelque part, qu'il était temps d'arrêter…

99

Plus de place pour les sentiments dans le peloton

Cyrille Guimard ne m'a jamais donné mon contrat chez Super U devenu Castorama. Je percevais bien la somme convenue, le montant était exact sur les fiches de paye. Mais, j'insiste, jamais il ne m'a fourni mon contrat de travail originel. J'ai dû aller en justice pour obtenir le paiement de ma dernière année. Lui mentait en assurant que je ne m'étais engagé qu'un an alors que, il le savait pertinemment, nous avions signé deux saisons. Pour me défendre, je me suis entouré de Maître Julien Ezvan, devenu un ami – j'ai d'ailleurs permis à l'un de ses fils, Jean-Julien, d'effectuer un stage à *L'Équipe*, pour qui cette année-là j'étais consultant sur le Tour, Jean-Julien est aujourd'hui chef du service des Sports au *Figaro*. Grâce aux conseils de Maître Ezvan, donc, le licenciement abusif a été reconnu.

J'aurais pu être davantage va-t-en-guerre, attaquant par exemple Guimard pour perte de licence. Il a quand même réussi à me dégoûter du vélo. J'ai surtout raccroché à cause de lui, plombé par l'énergie qu'a nécessité ce combat, alors que j'avais des propositions, notamment en Espagne. Les choses ont heureusement changé aujourd'hui. Tout contrat de travail au sein d'une équipe cycliste, et pas seulement concernant les coureurs, est contrôlé par le cabinet d'audit financier Ernst & Young, puis transmis à l'Union cycliste internationale, qui valide les licences. C'est une bonne chose. Guimard ne pourrait plus exercer aujourd'hui !

Le cyclisme évolue. Mais le métier exige toujours autant de sacrifices. C'est une profession dure et dangereuse. L'espace public, sur lequel évoluent les coureurs, s'est largement transformé. La sécurité n'est pas toujours assurée, même si le casque est obligatoire alors que nous, nous roulions avec des boudins sur la tête. Désormais, entre les dos-d'âne, les îlots directionnels, les ronds-points, les incivilités, les exigences et les zones de vitesse différentes à l'intérieur des villes, les entraînements relèvent parfois du parcours du combattant puisque les coureurs arrivent à fond, avec un matériel de plus en plus rigide, qui favorise l'inertie, avec un freinage très sensible. Il faudrait, pourquoi pas, songer à réduire la vitesse ou développer le frein hydraulique, comme au VTT, d'autant que ça n'amoindrirait pas la qualité des courses et le spectacle offert car, je le rappelle, le cyclisme est un spectacle gratuit.

Il n'est pas étonnant que de plus en plus de coureurs admettent, face à la pression constante, être justement en dépression. Pas mal raccrochent dès 23 ans, après une énième déception. Cela n'arrivait jamais avant. Les contraintes logistiques et administratives qu'ils doivent supporter sont lourdes, sans parler des contrôles antidopage pouvant surgir n'importe où et n'importe quand. Adams, le logiciel utilisé par l'Agence mondiale antidopage pour collecter les informations de géolocalisation des athlètes professionnels partout dans le monde, est sans pitié : j'ai appris qu'un coureur a même été contrôlé à l'enterrement de sa fille !

J'ai le sentiment que la convivialité, la norme à notre époque, a disparu. Il faut dire que les coureurs n'ont aucun répit. Ils doivent inscrire leur « performance » du jour sur une plateforme dédiée alors que nous nous entraînions plutôt aux sensations, sans toujours la rigueur demandée, en tout cas pour moi. Ce serait impossible aujourd'hui. Si ton directeur sportif te demande de t'entraîner deux heures à 400 watts de moyenne, eh bien tu obéis. Certains, pour être dans les clous et ne pas faire baisser la moyenne, vont jusqu'à s'arrêter à peine aux feux rouges et aux stops. Avec les risques que cela comporte. Forcément, ça pèse sur l'état psychologique des coureurs. Il est heureux que de plus en plus d'équipes fassent appel à des psychologues, à des thérapeutes, à des apôtres du bien-être. Autant dire que je n'en ai jamais connu dans le peloton ! Une équipe, lorsque je courais, représentait au total une quarantaine de personnes. Aujourd'hui, c'est plus du double. Et les places sont chères, le turn-over puissant. Il n'y a plus de place pour les sentiments, la patience a disparu, et tant pis pour un coureur qui arrivera à maturité plus tard…

100

Vingegaard, Pogacar, Alaphilippe et les autres

Sacré champion du monde sur la course en ligne à Imola en Italie en 2020 et l'année suivante à Louvain en Belgique, Julian Alaphilippe est le premier Français et le septième de l'histoire à rejoindre le cercle très fermé des coureurs ayant conservé leur tunique arc-en-ciel. Mais savez-vous combien il a gagné pour chacune de ses deux courses ? Huit mille euros ! Les Mondiaux ne versent de récompenses qu'aux trois premiers, chez les hommes comme chez les femmes : 8 000 euros pour le premier, 4 000 pour le second et 2 000 pour le troisième. On croit rêver. Dites ça à un autre sportif en guise de récompense pour un titre de champion du monde dans une discipline aussi relevée et il vous rira au nez… Le salaire moyen d'un coureur d'une équipe de l'UCI World Team, l'équivalent de la première division ? Six à sept mille euros. Et les récompenses pour le Tour de France ? En 2022 et 2023, 2,282 millions d'euros étaient destinés aux coureurs et aux équipes. En 2024, ce sera 2,3 millions.

Le vainqueur du classement général individuel final empoche 500 000 euros, les deuxième et troisième 200 000 et 100 000 euros, un vainqueur d'étape 11 000 euros. Mais il faut savoir que certaines équipes terminent le Tour, à cause des pénalités et des amendes par exemple, en perdant de l'argent. Et puis la logistique, à la charge des équipes, est lourde. Quand le Tour s'élance par exemple de Copenhague au Danemark, à mille kilomètres de Paris, comme en 2022, eh bien cela revient cher… Au quotidien, mon ami Pascal Chanteur, président de l'UNCP, le syndicat des coureurs, se bat bec et ongles pour les défendre et leur obtenir de meilleures rémunérations auprès des organisateurs des diverses courses. Mais la discussion est difficile en dépit de demandes d'arbitrage auprès de l'UCI.

Il est un fait que le Tour de France écrase tout. Je ne parle pas seulement des dotations. Pour le grand public, seul le Tour compte. Et parfois aussi pour les professionnels. Le Danois Jonas Vingegaard est critiqué car il court peu (67 jours de course en 2023, 54 jours l'année précédente), concentrant quasi exclusivement sa saison sur la quête de la Grande Boucle. Avec succès : il a empoché les deux dernières éditions. Eh bien en 2023 il a reçu le Vélo d'or, qui récompense le coureur de l'année aux yeux d'un jury international de journalistes réuni par *Vélo Magazine*. Bon, en 2023, le coureur de la Jumbo-Visma a aussi enlevé le Dauphiné et le Tour du Pays basque, et terminé deuxième du Tour d'Espagne. Mais pour moi, le Slovène d'UAE-Team Emirates Tadej Pogacar, son dauphin sur le Tour de France dans un duel homérique, l'aurait tout autant mérité, avec ses 17 victoires dans six pays différents et sur tous les terrains : Paris-Nice (décrochant trois étapes des six individuelles), le Tour des Flandres, le Tour de Lombardie pour la troisième année consécutive, l'Amstel Gold Race, la Flèche Wallonne, médaille de bronze aux championnats du monde sur route. Aucune raison, donc, pour Vingegaard de changer de programme et d'être plus visible. Et ce serait peut-être même à Pogacar de changer de stratégie et de moins rouler, pour arriver sur le Tour moins fatigué. Je regrette que pas mal de suiveurs retiennent d'abord que Pogacar a perdu plutôt que de saluer tout ce qu'il a réalisé dans l'année, sans compter qu'il a été handicapé sur le Tour de France par les séquelles d'une chute deux mois plus tôt lors de Liège-Bastogne-Liège, avec une fracture du scaphoïde au poignet gauche. En tout cas, je me réjouis que tous ces grands champions passent par chez moi, à Caen et en Normandie, à l'occasion du Tour de France 2025.

ANNEXES

FICHE

Né le 18 mars 1962 à Caen (Calvados)

TOUR DE FRANCE :

1984 : 28e du classement général. Vainqueur de la 3e étape (contre-la-montre par équipes). 12 jours en Maillot Jaune

1986 : hors délai (2e étape)

1989 : 97e du classement général. Vainqueur de la 2e étape (contre-la-montre par équipes) et de la 13e étape (Montpellier-Marseille)

1990 : 133e du classement général

PALMARÈS

J'ai le palmarès que j'ai. On peut toujours avoir mieux, c'est sûr. Mais je n'ai pas à rougir. On peut observer dès mes débuts dans mon parcours une continuité, une régularité. J'ai commencé tôt la compétition, dès les minimes. Chez les amateurs, j'ai remporté de très nombreuses courses. Je ne dois rien à personne. Je suis doué à la base. Champion régional puis champion de France, avant de basculer chez les pros. J'aurais bien aimé être champion de France chez les pros, je ne suis pas passé loin. Mais j'ai porté le Maillot Jaune, gagné une belle étape sur le Tour de France un 14 juillet, jour si symbolique. Il me manque sans doute, c'est vrai, des classiques, surtout au regard du potentiel dont je disposais. Mais j'ai fait ce que je pouvais. J'insiste : je ne regrette rien.

AMATEUR

194 victoires en sept ans de présence dans les rangs amateurs

1976 : Champion de Normandie cadets

1977 : Champion de Normandie juniors

1979 : Vainqueur du Trophée des Espoirs

Champion de Normandie juniors contre-la-montre par équipes

1980 : Champion de France juniors

Vainqueur du Trophée des Espoirs

1982 : Vainqueur de la 3e étape du Tour du Vaucluse (une course ouverte aux professionnels, dont Laurent Fignon, alors que je n'étais qu'amateur). Dans ce Tour du Vaucluse, j'ai aussi été 3e de la première étape et 2e de la deuxième.

Vainqueur de la 4e et dernière étape du Tour du Limousin (là encore une course ouverte aux professionnels, que j'ai battus alors que j'avais encore le statut amateur).

Vainqueur de la 3e étape du Tour de Normandie

Premier français aux championnats du monde amateurs de Goodwood (Angleterre) : 6e

PROFESSIONNEL

1983 RENAULT-GITANE

Vainqueur de la 1re étape du Circuit de la Sarthe

Vainqueur de la 14e étape du Tour de l'Avenir

2e du Tour d'Armor

2e de la première étape du Tour d'Amérique

2e de la 2e étape de l'Étoile des espoirs

1984 RENAULT-GITANE

Vainqueur de la 2e étape du Tour du Vaucluse

Vainqueur de la 2e étape B du Tour de l'Oise

4e de Châteauroux-Limoges

6e du Tour de l'Oise

8e du Grand Prix de Rennes

28e du Tour de France (2e à Cergy-Pontoise, Maillot Jaune 12 journées)

1985 RENAULT-GITANE

Vainqueur de la Ronde d'Aix-en-Provence

Vainqueur de la 3e étape B du Tour de Bretagne

2e de Paris-Camembert

4e du Tour de l'Oise

1986 RMO

Vainqueur de la 5e étape, à Cassel, des Quatre Jours de Dunkerque

2e du Prix de l'Ouverture (Bessèges-Le Rouret)

3e de la Ronde d'Aix-en-Provence

8e du championnat de France sur route

67e de Paris-Nice

80e de Milan-San Remo

1987 TOSHIBA LOOK

12e du Tour d'Armorique

55e du championnat de France sur route

1988 PDM

Vainqueur du Trio Normand contre-la-montre avec Thierry Marie et Philippe Bouvatier

7e du Tour des Amériques

Tour d'Italie : non partant (9e étape)

1989 SUPER U

Vainqueur de la 13e étape du Tour de France le 14 juillet entre Montpellier et Marseille

2e de la 3e étape du Circuit de la Sarthe

2e du Grand Prix de la Libération contre-la-montre par équipes

19e de Milan-San Remo

26e de l'Amstel Gold Race

36e du championnat de France sur route

45e du Tour de Lombardie

1990 CASTORAMA-RALEIGH

Vainqueur de la 2e étape du Midi Libre

2e de Paris-Camembert

18e des Quatre Jours de Dunkerque

43e du Grand Prix de Rennes

133e du Tour de France

Tables des matières

Préface par Greg LeMond 7
Avant-propos 15

LE TOUR DE FRANCE 1984

1. Une pause pipi salvatrice 23
2. Des frites mayo la veille du Maillot Jaune 29
3. Père et oncles au gnouf la veille
de mon arrivée à Nantes 32
4. Les vilains tours de Guimard 34
5. Propre comme un sou neuf 37
6. Avec Jane Seymour à l'*Alcazar* 38

GREG LEMOND

7. Après avoir battu Fignon,
il m'offre sa Mercedes 43
8. Tour du Mexique, plage et farniente 50
9. En cuisine la nuit pour lui préparer
des hamburgers 53
10. Un ange mais avec un sacré caractère 55
11. Sur son porte-bagages chez PDM 57

BERNARD HINAULT

12. Le Blaireau pris en flagrant délit 61
13. En chambre avec lui, je me fais tout petit 63

14. Et, revenu à ma hauteur, il me communique les écarts. 65
15. Quand le Breton donne le coup de poing. 66

RAYMOND POULIDOR & JACQUES ANQUETIL

16. Poulidor me pique mes frites 71
17. Anquetil vole à mon secours 77

PRIME JEUNESSE

18. Mon premier vélo, waouh, un Gitane ! 81
19. Un contre-la-montre par équipes en guise de premier passage 82
20. Du Mercurochrome sur les coudes et les genoux 84
21. Devant une championne du monde au sprint. 85
22. « Je sortirai avec toi quand tu feras le Tour ! » 87
23. 320 bornes à 16 ans, sur un coup de tête : la folle expédition nantaise. 89
24. J'ai dit stop à l'école, en plein cours, pour aller rouler 95
25. Quinze jours au cachot et mon père en renfort 99
26. Du camp disciplinaire de Mourmelon à la piqûre quotidienne à Cherbourg 103
27. Un colonel qui ose tout. 108

TERRE NATALE

28. J'irai revoir ma Normandie. 111
29. Ah, si Raymond Martin avait continué sa carrière. 114
30. Le père et la mère dans le journal. 117

LE TOUR DE FRANCE 1989

31. Les jambes en feu dans la côte de Saint-Antoine ... 121
32. « Écartez-vous et laissez passer mon soigneur ! » ... 124
33. « Barteau est redevenu coureur, nous étions nombreux à penser que cela n'était plus possible » ... 126
34. Revanchard après tous ces hauts et surtout ses bas ? Un petit peu, oui... ... 128
35. Un abandon au Giro deux mois avant ... 129
36. Les félicitations de Laurent Fignon ... 130

LAURENT FIGNON

37. Pisser sur la route ... 135
38. « Oh ! Vincent, tu fais quoi, là ? Ce Maillot est à moi... » ... 136
39. Il aurait été aussi à l'aise au sommet d'une montagne à garder des moutons ... 137
40. Coup de main sur des cyclosportives, payé en retard ... 138
41. Une popularité qui l'encombrait ... 139
42. Le dernier sourire de Laurent ... 140

BERNARD TAPIE

43. J'aurais dû lui demander le double ... 147
44. Il refuse que j'aille voir Greg aux États-Unis après son accident ... 149
45. Quand la voiture du groupe Tapie m'évite une amende ... 152
46. « Ne me dis pas que tu reviens de chez Greg ! » ... 154

LE DOPAGE

47. Je pisse rouge pour mon premier contrôle.... 157
48. Le dopage ? Regardez mon palmarès.......... 159

ESPRIT DE FAMILLE

49. Le long coup de pédale de mon père pour sa bague de fiançailles................ 163
50. Un tonton doué, qui battait les meilleurs au sprint, mais trop dilettante.............. 167
51. Dormir dans une grange en attendant le passage de mon frère.................... 169
52. Quand je n'attends pas mon père au rade et me cache............................ 172
53. Une naissance sous le sceau de l'inquiétude... 174
54. Le Tour de Nouvelle-Calédonie avec Grégory... 177
55. Charlotte au sein de la caravane du Tour..... 179
56. Le marathon de New York avec Amandine ?... 180
57. « Je peux mourir tranquille. J'aurais su ce que c'était que la joie... »...... 181
58. L'heure du décès de mon père dans la voiture.......................... 185
59. Ma mère s'éteint dans mes bras............. 187
60. « Toi papa, le meilleur entraîneur de France »............................ 188
61. « Le nom des Barteau est enfin devenu immortel »............................ 190

CYRILLE GUIMARD

62. L'humiliation à la course.................. 195
63. Une semaine de primes en moins au Giro !... 200
64. Une prolongation de contrat... sans contrat... 202
65. « Comment ça, comment ça ? Des menaces ? »........................ 204
66. Fausse chute au Tour du Limousin.......... 207

UNE CARRIÈRE QUI ME RESSEMBLE

67. Virée sur la plage au Baby Giro... et viré..... 213
68. Transi, j'enfile les chaussettes du masseur en guise de gants..... 215
69. Aux Mondiaux amateurs, je confonds les échappés avec les lâchés..... 217
70. Plus de deux minutes trente à Marc Madiot sur contre-la-montre..... 220
71. Une envie trop pressante qui cause ma perte... 221

LE FOOTBALL

72. Mon fils a joué avec Kylian Mbappé..... 227
73. Je prête mes gants à Bernard Lama..... 229
74. Les bons conseils de Michel Hidalgo..... 231
75. Jean-Pierre Papin a entraîné Matthis..... 236
76. En marche arrière devant Jean Tigana..... 237

ÇA N'ARRIVE QU'À MOI

77. Une sieste en attendant les copains après un entraînement en stop !..... 241
78. Les motards de la gendarmerie jusqu'à Roissy..... 243
79. J'ai fait rater un départ à Daniel Mangeas.... 245
80. Un accident de la route qui me coûte le Giro..... 247
81. Quand l'équipe part sans moi..... 250
82. Je me suis fait cambrioler le Maillot Jaune... 251
83. Battu d'une seconde après avoir été déclaré vainqueur..... 253
84. Je m'invite à déjeuner pour regarder la course dont je viens de prendre le départ..... 256
85. Éliminé dès la deuxième étape du Tour de France..... 259
86. Et j'ai fait tomber un motard de la Garde républicaine..... 262

CARAVANE, MÉDIAS ET CINÉMA

87. Comme le pape dans sa papamobile 267
88. « Tu as illuminé la caravane tel un baladin d'autrefois » 269
89. Une master class avec le patron du Festival de Cannes 271
90. Biétry voulait que je sois le Paganelli du vélo 273
91. Une interview de Sheryl Crow traduite façon Fignon et Barteau 276
92. Du ring à une publicité pour les frites 279
93. Coach de Samuel Le Bihan et barman 282
94. Feu d'artifice en guise d'anniversaire 285

RÉFLEXIONS ET AUTRES PENSÉES

95. Et si j'avais eu ce Maillot Jaune trop tôt ? ... 289
96. Échange de maillot avec Éric Caritoux dans la dernière étape 291
97. Je ne voulais pas tout sacrifier pour le vélo ... 293
98. Cette routine qui, à force, peut tuer le talent... 295
99. Plus de place pour les sentiments dans le peloton 297
100. Vingegaard, Pogacar, Alaphilippe et les autres 300

Annexes 303
Remerciements 315
Crédits photographiques 319

Remerciements

Charles Biétry, Élie Baup, Pascal Chanteur, Patrick Chassé, Laurent Loulier et Jacques Bossis, avec qui, lors de la préparation de l'ouvrage, j'ai pris tant de plaisir à revivre quelques anecdotes pour mieux vous les retranscrire et les partager avec vous.

Marcel Gouabault, dont j'ai tant arpenté le magasin de cycles à Caen et qui a été formidable lorsque je débutais, en minimes et en cadets.

Maurice Le Guilloux : sans toi, mon Momo, je ne me serais jamais emparé de la fameuse tunique dorée lors du Tour de France 1984. J'ai bien fait de suivre les conseils du vieux briscard que tu es et de ne pas me relever.

Raymond Martin, mon Tintin, mon compagnon de route et de parties de pêche, mon voisin préféré, meilleur grimpeur du Tour 1980, dont j'ai tant apprécié les sorties d'entraînements alors que je débutais chez les pros.

Alain Gallopin, pour son massage la veille de ma victoire d'étape sur le Tour à Marseille.

Laurent Fignon, Pierre-Henri Menthéour, Pascal Jules : des quatre Mousquetaires de Renault sur le Tour 1984, je suis le dernier survivant de la bande. Et je me sens orphelin.

La fantastique Valérie Fignon.

Les éditions Solar et Jean-Philippe pour avoir cru dans ce projet.

Mes deux Greg de légende…

Et enfin merci à toi, mon Arnaud, pour cette fantastique aventure ensemble, humaine et sportive. Tu m'as si bien retranscrit, alors que tu ne viens pas du vélo… Sûr qu'on s'est bien marrés. En plus, tu es un épicurien, comme moi : ah, les bons gueuletons qu'on a partagés ! Maintenant, j'espère qu'on vendra plus de bouquins qu'Antoine Griezmann, Bixente Lizarazu ou Youri Djorkaeff, ces champions du monde de football que tu as accompagnés dans l'écriture de leur autobiographie.

VB

Vincent « no stress » Barteau, nos discussions échevelées en Normandie, avec vue sur la mer, tandis qu'il mijotait un bœuf bourguignon ou ouvrait les huîtres. Des échanges tordants mais pas que, poursuivis au téléphone, encore et encore. Un champion généreux et fidèle, un raconteur d'histoires hors pair, pas toutes publiables, qui ne demanderait qu'à les rejouer sur scène…

Greg la légende, artiste graphiste et illustrateur, détonateur et moteur du projet.

Greg LeMond, l'un des champions de mon adolescence, pour ces trois mois d'échange concernant la préface, qui m'ont obligé à réviser mon américain. Et qui, au moment de l'envoi, vous balance, avec une humilité qui force le respect, et sans s'étendre sur ces pépins de santé : « Hi Arnaud. Je suis désolé que cela vous parvienne avec des jours voire des semaines de retard ! J'ai eu le "syndrome de la page blanche" ces derniers jours et j'ai dû faire beaucoup de coupes parce que l'avant-propos devenait trop long. » La classe.

Jean-Philippe Bouchard, éditeur fidèle et inventif.

AR

Crédits photographiques

Couverture : Presse Sports

Cahier photos :
Page 1 : Collection privée
Page 2 : Collection privée – France Cycliste
Page 3 : Collection privée
Page 4 : Collection privée – Presse Sports
Page 5 : Collection privée
Page 6 : Collection privée
Page 7 : Presse Sports : Alain Landrain
Page 8 : Collection privée
Page 9 : Collection privée
Page 10 : Presse Sports : Alain Landrain – Collection privée
Page 11 : Collection privée – Presse Sports : Alain Landrain
Page 12 : *France-Soir*
Page 13 : Presse Sports : Denys Clément
Page 14 : Collection privée – Presse Sports : Alain Landrain / Denys Clément
Page 15 : Presse Sports : Thierry Gayet – Collection privée
Page 16 : Bruno Bade

SOLAR

Directeur : Didier Férat

Direction éditoriale : Jean-Philippe Bouchard

Édition : Corentin Bréhard

Mise en pages : Nord Compo

Couverture : Greg / Legend Edition

Fabrication : Emmanuelle Laine

#lisez ! engagé

www.lisez.com

Pour plus d'information :

Imprimé sur du papier issu de forêts gérées durablement.

Achevé d'imprimer par
Normandie Roto Impression s.a.s.
N° d'impression : 2402357

Imprimé en France